복 있는 사람

오직 여호와의 율법을 즐거워하여 그 율법을 주야로 묵상하는 자로다.
저는 시냇가에 심은 나무가 시절을 좇아 과실을 맺으며 그 잎사귀가 마르지 아니함 같으니
그 행사가 다 형통하리로다.(시편 1:2-3)

성경 주석서는 셀 수 없이 많고 다양하다. 그리고 신학적 입장에 따라 해석과 접근법이 각각 다르다. 기존 주석들은 대부분 원문 해석 중심이어서 평신도들이 읽기에는 한계가 있다. 목회자와 평신도가 함께 읽고 공감할 수 있는 책은 없을까? 원문의 뜻을 캐내면서도 누구나 읽고 은혜받을 수 있는 그런 책은 없을까? 박정관 목사가 그 책을 펴내기 시작했다. 『룻기: 사랑의 불꽃을 품은 책』이 바로 그 책이다. 박정관 목사는 '해석학' 연구로 케임브리지 대학에서 박사학위를 받은 석학이며, 특히 구약 성경에 대한 깊은 통찰을 바탕으로 한 해석과 강해가 탁월하다. 성경을 알아야 해석할 수 있고 깊이 알아야 깊은 샘물을 퍼 올릴 수 있는 것이다. 이 책은 원문의 뜻을 정확히 전달하면서도 그로부터 현대인이 이해하고 공감할 수 있는 메시지를 이끌어 낸다. 룻기는 매우 짧은 책이며 하나님이 언급되지 않지만, 인간의 사랑 이야기를 통해 하나님의 사랑을 어떤 성경보다도 강렬하게 드러낸다. 이 책의 파장이 널리 퍼져 증오와 불신으로 신음하는 우리 시대와 가정을 치유하는 명약이 되기를 바란다. 그리고 이 책에 이어 다른 책들도 나오기를 바란다. 때마침 필요한 시기에 출간되어 기쁘고 감사한 마음으로 추천한다.

박종순 충신교회 원로목사

이 책은 성경과 현대 독자의 간격을 좁혀 주는 성서해석학의 위력을 잘 보여준다. 저자는 룻기를 낳은 고대 이스라엘 사회가 현대인들에게 얼마나 낯선지 언급하면서 시작한다. 현대 독자들이 룻기를 이해할 때 넘어야 하는 장애물 두 가지가 소개되는데 그것은 토지 무르기 제도와 형이 죽으면 형수를 아내로 맞아들여 형의 땅을 보전해 주는 수혼제다. 또한 저자는 얇고 상대적으로 덜 중요해 보이는 룻기가 성경의 근본 구원서사와 직결되어 있음을 잘 예시한다. 룻기는 다윗의 증조모와 증조부의 영적 분투기로, 나사렛 예수의 고난 서사를 예기하는 이정표다. 마지막으로, 저자는 룻기가 우리 자신의 아프고 평범한 인생 서사임을 부각시킨다. 절제와 겸손이 묻어나는 문체와 따뜻하고 부드러운 문장으로 간결하게 쓴 것은 고단한 독자들을 배려하는 보아스 같은 마음이 아닐까?

김회권 숭실대학교 기독교학과 교수

이런 사랑의 이야기가 있을 수 있을까! 불편한 율법이 버젓이 살아 있던 시절, 이방 여인들을 사랑했던 말론과 기룐, 아들의 죽음이라는 저주의 그림자가 드리워져 있으나 두 며느리를 사랑한 시어머니 나오미, 아무런 희망이 보이지 않고 지지리 궁상으로도 설명이 되지 않는 인생의 밑바닥을 기던 시어머니 마라(나오미)를 사랑한 룻, 계급과 인종, 종교와 편견을 뛰어넘은 사랑을 이룬 보아스와 룻의 이야기는 사랑의 뜨거운 섬광을 보여준다. 『성서해석학: 시간 이론에서 서사학까지』를 통해 아카데믹한 성경 읽기 관점과 일상 속 성경 묵상의 올바른 통전적 방향을 한국 교회에 제시한 박정관 교수는 새 책 『룻기: 사랑의 불꽃을 품은 책』으로 사랑 너머 하나님의 불꽃을 보게 한다. 룻이 만난 헤세드의 하나님을 저자는 먼저 만났고, 그 뜨거운 만남이 룻의 사랑 이야기를 통해 읽는 이에게 결코 짧지 않은 언어의 막대기로 전도된다. AI와 인간 사이에 곧 엮이게 될, 누구도 책임지지 못할 사랑 이야기의 떠벌림이 우리 마음을 허탈하게 하는 요즈음, 룻기의 불꽃과 같은 사랑을 풀어낸 이 책은 반복해서 듣고 싶은 70년대 통기타 노래처럼 들리기도 한다. 레코드판의 미세한 떨림마저도 흐느끼는 사랑의 멜로디로 들리듯 이 책을 영혼의 감성으로 읽기를 권하면서, 룻기에서 불타오르는 사랑이 우리 신앙 곳곳에서도 피어오르기를 소망하며 추천한다.

김주용 연동교회 담임목사

이 책은 많은 주요 내용에서 이전의 주석들과 겹치는 '또 하나의 주석'이 아니다. 예배와 문화에 대한 해박한 이해를 가진 지식인이 자신의 해석학적 확신과 전제를 가지고 써낸 묵상의 향연이다. 나는 이전에 여러 번 룻기를 설교했고 많은 주석을 읽었는데, 이 책의 내용과 같은 묵상과 질문, 해석을 거의 본 적이 없다. 룻기를 사랑하는 성도들이 읽는 데 전혀 어려움이 없을 정도로 쉽고 명료하면서도, 목회자 및 신학생들이 보기에도 여러 곳에 밑줄을 긋지 않으면 안 될 정도로 풍성하고 신선하다. 이 책의 목표는 룻기 해석 및 적용이지만, 여기에는 인간 실존의 고민과 질문, 대답이 녹아 있다.

이정규 시광교회 담임목사

룻
기

소식 머금은 향기 세 번째 책

소식 머금은 향기 시리즈는 문화연구원 소금향과의 협력을 통해 출판하는 도서로서,
성서 해석, 문화 해석 및 역사 해석에 관한 내용을 담고 있습니다.

룻기

2024년 5월 22일 초판 1쇄 인쇄
2024년 5월 29일 초판 1쇄 발행

지은이 박정관
펴낸이 박종현

(주) 복 있는 사람
주소 서울특별시 마포구 연남동 246-21(성미산로23길 26-6)
전화 02-723-7183(편집), 7734(영업·마케팅)
팩스 02-723-7184
이메일 hismessage@naver.com
등록 1998년 1월 19일 제1-2280호

ISBN 979-11-7083-130-3 03230

ⓒ 박정관 2024

사 ——— 랑 ——— 의

박정관

불 ——— 꽃 ——— 을

품 ——— 은 ——— 책

일러두기

- 인용과 논문 제목은 큰따옴표("")로 표시했다. 인용문에서 또 인용할 경우, 생각의 내용을 인용하는 경우, 강조 또는 구분을 표시할 경우에는 작은따옴표('')를 사용했다. 책은 겹낫표(『』) 안에, 그리고 그림, 영화, 신문 이름은 홑낫표(「」) 안에 넣었다.
- 성경 본문은 독자들의 이해를 돕기 위해서, 우리말의 관용적 표현과 달라지더라도 직역에 가깝게 현대어로 번역했다. 개역개정판을 그대로 인용한 경우는 인용한 부분 가까이에 "한글 성경에는"과 같은 표현을 두었다. 단, 개역개정판의 인용이 현대어와 같거나 괄호 안에 있는 경우에는 따로 표시하지 않았다. 그리고 하나님을 2인칭 대명사로 가리키는 경우에는 대명사임을 분명히 하기 위해 '당신'을 사용했다.
- 성경에 나오는 인명과 지명은 개역개정판을 따랐으나, 애굽, 바사, 베니게, 메소보다미아, 메시야는 각각 이집트, 페르시아, 페니키아, 메소포타미아, 메시아로 바꾸었다.
- 성경 원문의 히브리어와 그리스어는 대략적인 발음을 알 수 있도록 이탤릭체 로마자로 옮기고 괄호 안에 두었다. 히브리어 표기에서 '와 '는 각각 알레프(א)와 아인(ע)을, ă, ĕ, ŏ는 유성 셰와를, 그리스어 표기에서 ē와 ō는 각각 에타(η)와 오메가(ω)를 가리킨다.

차례

1. 옛날 러브스토리?

영어와 영문학 발달에 큰 영향을 끼친 작가가 한 명, 책이
두 권 있다. 작가는 두말할 필요 없이 셰익스피어다. 두 책은 셰
익스피어에게 영향을 끼친 제네바 성경과 그의 만년에 번역되어
널리 보급된 킹제임스 성경이다.

이 중 흠정역이라고도 불리는 킹제임스 성경을 내가 처음
접한 것은 대학 시절에 수강한 "영문학 배경"에서였다. 이 수업
에서 셰익스피어의 작품과 흠정역 룻기를 다루었는데, 담당 교
수님은 룻기를 "고대 이스라엘의 러브스토리"로 소개했다. 당시
에릭 시걸Erich Segal의 소설을 영화화한 「러브스토리」가 우리나라
사람들의 기억에 뚜렷이 남아 있던 때여서, 나는 교수님의 말에
젊은 남녀의 사랑 이야기를 상상했다.

룻기가 사랑 이야기인 것은 맞다. 그러나 둘 사이에는 중요
한 차이점이 있다. 우선 「러브스토리」가 죽어 가는 한 여자와 관

련된 애절한 사랑 이야기라면, 룻기는 생존을 위해 몸부림치는 두 여자에 얽힌 사랑 이야기다. 「러브스토리」가 셰익스피어의 『로미오와 줄리엣』 같은 비극적 사랑 이야기의 전통을 이어 간다면, 룻기의 사랑 이야기는 행복하게 끝나며 그 배후에는 하나님의 변함없는 사랑이 있다.

어쨌든 룻기는 길이가 짧고 줄거리 전개가 단순해서 읽기 쉬워 보인다. 게다가 에스더서에 나오는 것 같은 대반전의 극적 요소가 없고, 출애굽기의 기적적 요소도 보이지 않는다. 그래서 성경이라는 무게감에 걸맞은 책인가 하는 의문이 일기도 한다. 그리스도인들이 성경의 한 부분인 룻기를 가볍게 여기지는 않을 것이지만, 과연 율법서를 대하듯이 같은 무게감으로 읽을까? 그렇게 읽어야 하는데 말이다.[1]

의문점

룻기의 저자와 저작 연대는 알려진 바가 없다. 바빌론 탈무드는 사무엘이 룻기의 저자라고 하는데[2] 확실한 근거는 없다. 고대 문헌은 이런 경우가 많기 때문에 이상하게 여길 일이 아니다. 그리고 이 점이 룻기 이해에 방해가 될 것 같지도 않다.

그러나 내용으로 들어가면 이야기가 달라진다. 예를 들어, 1장 첫 부분에서부터 '왜 엘리멜렉과 두 아들이 죽었지?'라는 의문이 일어나고, 중간 부분에 들어가면 '왜 시어머니의 아들이 자라기를 며느리들이 기다려야 해?'라는 질문이 생긴다. 이런 의문은 즉각 해결되기 어려워서 내용 이해에 큰 걸림돌이 된다. 그런데 이런 문제들이 곳곳에 지뢰 깔리듯 룻기 전체에 널려 있다. 그중에 가장 폭발력이 큰 지뢰는 유산 무르기와 수혼 제도다.

사실 지금의 독자들에게 이 두 제도는 이해의 지평을 벗어나 있다. 이 때문에 독자들은 수박 겉 핥기 식으로 룻기를 읽게 된다. 달리 말해, 술술 읽히기 때문에 룻기를 잘 이해했다고 생각하지만, 사실은 제대로 알지 못하게 될 뿐 아니라 더 이상 관심을 가지지도 않게 된다.

룻기는 절대 만만히 볼 책이 아니다. 내용과 관련 개념에 대한 전이해를 가지지 않으면 그 안에 담긴 비밀을 결코 들여다볼 수 없기 때문이다. 따라서 룻기의 내용이 다른 성경과 어떻게 연결되어 있는지를 알아 두어야 한다. 예를 들어, 유산 무르기와 수혼 제도에 대한 전이해를 가지려면, 구약 시대의 헌법이라고 할 수 있는 레위기와 구약 역사서의 기초가 되는 신명기에서 관련 내용을 파악해 두어야 한다. 그리고 이후에는 레위기의 배경에 있는 창세기와, 신명기에 근거를 둔 역사서의 관련 본문을 찾아가야 한다. 이런 과정을 통해 비로소 독자는 네 장짜리 작은 책에 구약 전체를 관통하는 신학과 사상이 흐르고 있음을 깨달을 것이다.

공백과 여백

롯기 이해를 어렵게 만드는 요인이 하나 더 있다. 롯기를 읽어 가다 보면 어떤 대상이나 사건을 언급했는데 구체적인 내용이나 분명한 원인은 보이지 않을 때가 있다. 롯기의 줄거리 전개에 공백이나 여백이 많다는 뜻이다. 따라서 이런 경우를 대할 때마다 각각에 맞는 해결책을 찾아야 한다.

우선, 어떤 것이 있는지, 어떤 일이 일어나는지는 본문에 드러나지만 그 구체적 내용은 공백으로 남는 경우가 자주 있다. 예를 들어, 롯기에는 '에바'라는 부피 단위가 나오는데 정확한 양은 알 수 없다. 이런 경우에는 문제가 되는 표현에서 한 걸음 뒤로 물러나 그 맥락을 살피면 오히려 저자가 말하고자 하는 바를 더 잘 파악할 수 있다.

다음, 저자의 서술법 때문에 줄거리 전개에 여백이 생기는 경우가 있다. 이런 여백은 저자의 실수에 의한 공백처럼 보인다. 그러나 그것은 의도적으로 만들어진 여백이다. 예를 들어, 롯이 밤에 보아스를 만나는 장면에는 특정 표현의 구체적 의미나 줄거리 전개의 연결 논리가 제대로 보이지 않는 경우가 잦다. 왜냐하면 줄거리 전개에 그리 중요하지 않거나 당시 독자들이 이미 아는 내용이라고 저자가 판단했기 때문이다. 이런 경우에 지금의 독자는 수사관이 증거를 모으고 분석하여 추리하듯이 해당 본문을 꼼꼼히 살피면서 그 본문과 관련된 다른 본문을 탐색해야 한다.

마지막으로, 여백 자체가 줄거리 구성에 큰 역할을 하는 경우가 있다. 룻기에서 보이는 가장 큰 여백은 사건 서술 부분에 하나님의 이름과 섭리가 거의 언급되지 않는다는 것이다. 등장인물의 대화에 "여호와"나 "하나님"이라는 이름과 함께 하나님의 징계나 은혜가 표현되는 것과 대조적이다. 이런 여백이 가장 큰 책은 에스더서다. 에스더서는 사건 서술뿐 아니라 대화에서도 하나님의 이름과 섭리가 전혀 언급되지 않는다.

성경에 하나님의 이름과 섭리가 보이지 않는 책이 있다는 점은 많은 사람들에게 궁금증을 불러일으킨다. 그런데 성경 전체를 꼼꼼히 읽어 보면, 그런 경향을 띤 본문이 더 있다는 것을 알게 된다. 우선, 에스더서와 아가서는 그런 경향이 가장 강하다. 이미 언급했지만, 에스더서에는 하나님의 이름을 포함해서 종교적인 표현이 전혀 나오지 않는다. 아가서에는 하나님의 이름이 딱 한 번, 그것도 축약형(*yah*)으로 "여호와의 불꽃"(*shalhebet-yah*)이라는 표현에 등장한다. 이보다는 덜하지만, 룻기와 요셉 서사도 종교적인 표현에 있어서 상당히 제한적이다. 하나님의 계시와 그 계시에 대한 응답인 제사가 전혀 보이지 않고, 다만 하나님의 행동이나 섭리가 등장인물의 고백이나 저자의 서술에 드러날 뿐이다. 창세기의 한 부분인 요셉 서사가 그런 경향을 보인다는 점은 참으로 의외다. 창세기 처음에서 족장 서사까지는 하나님의 계시와 그 계시에 대한 반응인 제사나 기도가 명확하게 표현되는데, 마지막 부분인 요셉 서사에는 그런 요소 없이 단지 하나님의 행동과 섭리에 대한 고백과 서술만 보이니 말이다.

위의 네 본문 중 요셉 서사, 룻기, 에스더서에서는 일상의 제도와 사건이 줄거리 전개에 큰 몫을 차지한다. 그중에서도 룻기를 제도라는 면에서 보면, 이삭줍기와 유산 무르기를 중심으로 줄거리가 진행된다. 또한 일상의 사건이라는 면에서 보면, 룻이 이삭을 줍다가 "우연히" 보아스의 밭에 이른 것에서 줄거리의 반전이 시작된다. 따라서 룻기는 일상에서 일어나는 일을 통해 하나님의 뜻이 어떻게 이루어지는지 눈여겨보며 읽어야 한다.

줄거리

룻기는 네 장으로 된 서사와 서사 끝의 짧은 족보로 이루어져 있다. 서사 부분에는 나오미와 룻에 대한 이야기가 담겨 있고, 족보에는 베레스에서 시작해 보아스와 룻의 아들 오벳을 거쳐 다윗으로 이어지는 혈통의 선이 보인다. 룻기 전체의 줄거리를 요약해서 펼치면 다음과 같다.

A 나오미가 가족과 함께 모압으로 이주했다가 남편과 두 아들을 잃는다

  B 나오미가 룻과 함께 파산 상태로 베들레헴으로 돌아온다

    C 룻이 나오미를 위해 이삭줍기를 하다가 보아스를 만난다

    C´ 나오미의 조언을 따라 룻이 보아스에게 유산 무르기를

부탁한다

  B′ 보아스가 유산 무르기를 한다

A′ 룻이 보아스와 결혼을 한 뒤에 나오미가 손자를 얻는다

X 족보

위의 전개를 보면, 나오미가 남편과 두 아들을 잃는 것(A)과 룻의 결혼을 통해 손자를 얻는 것(A′), 나오미가 룻과 함께 파산 상태로 귀향하는 것(B)과 나중에 유산 무르기를 통해 회생하는 것(B′), 룻이 이삭줍기를 하다가 보아스를 만나는 것(C)과 그에게 유산 무르기를 부탁하는 것(C′)이 대조되고 연결되는데, 본문 각 부분을 이런 식으로 대응시키는 방법을 '교차대구법'chiasmus이라고 한다. 이 방법을 통해 저자는 나오미 가족이 완전히 무너졌다가 다시 일어나는 과정을 선명하게 보여준다.

룻기는 위의 줄거리를 바탕으로 단어와 개념을 치밀하게 연결해 사건을 전개한다. 예를 들자면, 히브리어 명사 사데(*sadeh*)는 기본적으로 '밭'이나 '들'을 가리키지만 밭이나 들로 이루어진 지역인 '시골'을 가리키기도 한다. 룻기의 줄거리는 이 단어와 함께 다음처럼 전개된다. 1장에서는 나오미가 모압의 '시골'로 갔다가 남편과 두 아들을 잃고서 룻과 함께 고향으로 돌아온다. 2장에서는 룻이 보아스의 '밭'에서 이삭줍기를 하던 중에 보아스를 만나 그에게 유산 무르기를 부탁한다. 마지막으로 4장에서는, 보아스가 유산 무르기를 통해 나오미의 '밭'을 되찾아 준다. 이처럼

'사데'는 룻기의 줄거리가 주제를 따라 일관되게 전개되는 데 한 몫한다. '변함없는 사랑'으로 번역된 헤세드(*chesed*)와 '날개'를 뜻하는 카납(*kanap*)도 마찬가지다.

메시지

기독교 가족관계 전문가가 고부 관계를 다룰 때 흔히 언급하는 책이 룻기다. 그런데 룻기를 읽으면 '이런 고부 관계가 가능한가?'라는 의문과 함께 좌절감이 든다. 그 책에서 묘사되는 관계가 너무나 이상적으로 보이기 때문이다.

그러나 룻기의 중심 주제를 고부 관계로 본다면 크게 오해한 것이다. 룻기가 고부 관계의 교훈을 담고 있기는 하지만 그 관계의 이상형을 제시하려는 책은 결코 아니기 때문이다.

간단히 말해 룻기는 회복의 책이다. 문자적 차원에서 보면 룻기는 남편과 두 아들을 잃은 시어머니와 그녀의 며느리가 한 남자의 도움으로 재기 또는 회생하는 과정을 묘사한 책이다. 이 차원에서 한 걸음 더 나아가면 독자는 그 회생의 과정을 통해서 세 사람 사이에 흐르는 하나님의 변함없는 사랑을 마주한다.

룻기의 진정한 가치는 구원의 출발점이 되는 하나님의 사랑이 실제적인 문제를 안고 살아가는 사람들의 일상에서 어떻게 드러나는지 보여주는 데에 있다. 룻기에 서술된 여러 사건, 즉 극심한 기근과 생존을 위한 이주, 낯선 땅에서 예기치 못하게 맞이한 불행, 파산 상태의 귀국, 그렇게 돌아온 사람들의 이삭줍기와 유산 무르기, 회생 등은 구약 시대 누구에게나 일어날 수 있는 일이었다. 물론 기근 때문에 모두가 이주했다거나, 이주한 사람 모두가 망했다거나, 망해서 귀국한 사람 모두가 유산 무르기를 통해 회생했다거나 한 것은 아니다. 그러나 그처럼 크나큰 불행을 당한 사람들이 하나님의 사랑에 기반을 둔 제도와 그 사랑을 따라 사는 사람을 통해 회생하는 일은 언제든 가능했다. 그렇기 때문에 룻기는 오늘날의 모든 독자들에게 적용될 수 있는 메시지를 담고 있다.

우리도 이런저런 어려움을 겪는 사람들을 주변에서 본다. 건강을 잃은 사람, 실직한 사람, 파산한 사람, 배우자나 자식을 잃은 사람, 명예를 잃은 사람, 그리고 더 이상 잃을 것이 없다고 생각하는 사람. 룻기는 이런 사람들을 위한 책이다. 날카로운 칼날이 마음에 박힌 채 암흑 속에 내던져진 사람에게 회복의 길을 비출 빛을 간직한 책이다. 주위로부터 오해, 외면, 배신을 당해 얼음장같이 얼어붙은 마음으로 사는 사람에게는 뜨거운 불을 품은 책이다.

그러니 책의 분량이나 윤곽만 보고서 룻기를 판단하지 말기 바란다. 이 짧은 책에는 죄책과 절망 가운데 죽어 가는 사람들을 구원하시려는 하나님의 사랑이, 터져 나오기 전의 용암처럼 끓고 있다.

2. 기근

1:1 사사들이 재판하던 시절에 그 땅에 기근이 있었는데, 유다 베들레헴 출신의 한 남자가 아내와 두 아들과 함께 모압의 시골에 체류하러 갔다. 2 그 남자의 이름은 엘리멜렉이었고, 그의 아내의 이름은 나오미, 그의 두 아들의 이름은 말론과 기룐이었는데, 유다 베들레헴의 에브랏 사람들이었다. 그들이 모압의 시골에 가서 거기에 있었다.

사사들이 재판하던 시절

롯기의 시대적 배경은 "사사들이 재판하던 시절", 즉 사사 시대다. 여기서 잠시 사사의 뜻과 역할이 무엇인지 알아보겠다.[3]

우선, '사사'로 번역되는 히브리어 쇼펫(shopet)은 재판자를 뜻한다. 영어로는 'judge'로 번역된다. 사실 사사(士師)라는 표현도 고대 중국의 재판관을 가리키던 말이다.

다음, 사사 시대의 사사는 왕정 시대의 왕에 대응되는 직책이다. '사사'로 번역되는 쇼펫의 의미가 재판자라면, '왕'으로 번역되는 멜렉(melek)의 기본 의미는 통치자다. 명칭이 다르지만 둘 사이에는 공통된 역할이 있는데, 재판이 그것이다. 이해를 돕기 위해 잠시 구약 시대의 정치 체제를 살펴보려고 한다.

현대 정치 체제는 입법부, 행정부, 사법부로 이루어진다. 입법부(국회)는 법을 정하고, 행정부(정부)는 그 법에 따라 통치를 하며, 사법부(법원)는 통치 과정에서 법을 어기는 일이 일어날 때 재판을 통해 그것을 바로잡는다. 국가 권력을 이렇게 셋으로 나누니 삼권분립이라고 한다. 이와 달리, 구약 시대에는 하나님이 법(율법)을 세우시고 사람은 그 법에 따라 통치한다는 구분이 있었다. 그래서 법은 모세와 같은 하나님의 사람을 통해 계시되었고, 통치와 재판은 왕이 담당했다. 통치와 재판을 한 사람이 맡은 까닭은 재판을 통해 통치가 완결되기 때문이다. 그리고 이 왕권을 견제하는 역할은 예언자의 몫이었다. 정리하자면, 하나님은 법을 세우시고, 사람은 그 법에 근거해 통치와 재판을 하는데 이것이 법대로 되지 않을 경우에는 예언자를 통해 하나님의 최종 판결이 선고됐다.

통치 행위의 완결인 재판은 재판자인 사사뿐 아니라 통치자인 왕에게도 중요한 일이었다. 왕이 된 솔로몬이 하나님께 재판의 지혜를 구한 것도 바로 그 때문이었다.

왕상3:7 나의 하나님 여호와여, 당신이 당신의 종으로 하여금 내 아버지 다윗을 대신해서 통치하게 하셨지만, 나는 작은 아이여서 나가고 들어올 줄도 모릅니다. 8 또한 당신의 종은 당신이 택하신 당신의 백성, 곧 너무 많아 셀 수도 없고 기록할 수도 없는 큰 백성 가운데 있습니다. 9 누가 이 큰, 주의 백성을 재판할 수 있겠습니까? 그러니 당신의 백성을 재판하도록, 선과 악을 분별하도록 당신의 종에게 듣는 마음을 주십시오.

위 본문 마지막에 나오는 "듣는 마음"은 소송의 내용을 듣고 지혜롭게 분별하는 능력을 의미한다. 솔로몬은 이 능력이 공정한 재판에 결정적인 요소라는 점을 알았다.

그런데 사사와 왕 사이에는 차이점도 있었다. 사사는 국가적 위기에 세워진 임시직이었다. 말하자면 기본적으로 사사의 직무는 위기관리여서, 전쟁 중에는 군대 통솔에, 평상시에는 재판에 집중했다. 그리고 임시직이어서 세습되지 않았다. 간혹 사사직을 아들이 이어받는 경우가 있었지만, 제도화되지는 않았다. 또한 사사 제도의 기반은 지파연맹체였다. 반면에 왕은 세습되는 상설직이었고, 그 기반은 강력한 왕권을 가진 왕가 중심의 중앙집권체제였다. 이 체제에서는 왕가를 포함한 왕정 체제를 유지하기 위해 온 백성이 징병, 징세, 토지 징발 등의 부담을 지므로, 결국 모두가 "왕의 종"으로 전락할 수밖에 없었다(삼상 8:17). 따라서 백성 편에서 보면 왕정보다 사사제가 훨씬 나았다.

그런데 사사 제도에는 큰 약점이 있었다. 그 기반이 지파연맹체여서 나라 전체를 통합하기가 쉽지 않았다. 이 약점을 보완하는 방법은 온 백성이 하나님 신앙으로 하나 되는 것이었다. 모두가 하나님을 믿고 율법을 지키면 나라 안에 통일된 법질서가 자발적으로 세워질 것이 아닌가. 그러나 사람들은 하나님의 법을 중심으로 연합하기보다 자신의 판단을 앞세웠다.

이런 상황에 대해 사사기는 "이스라엘에 왕이 없어, 사람들이 각자 자기 보기에 옳은 대로 했다"(삿 17:6; 21:25)라고 말한다. 옳고 그름의 기준이 사람마다 달라서 서로 충돌하는 상태, 즉 모두가 왕이 되어 혼란에 빠진 상태가 된 것이다. 그러니 나라가 응집력을 잃고 내란에 휩싸이거나 주변 국가와의 전쟁에 져서 속국으로 전락하기 일쑤였다. 엎친 데 덮친 격으로 가뭄 같은 재해가 일어나 땅을 황폐하게 만들기도 했다.

그 땅에 기근이

하늘과 땅을 창조하신 하나님은 삶의 자리인 땅을 사람에게 위임하셔서 경작하며 보존하게 하셨다. 이것을 요즘에는 문화명령(Cultural Mandate)이라고 부르는데, 이 개념의 근거는 창세기에 나오는 다음 두 구절이다.

창 1:28 하나님이 그들에게 복을 주셨다. 그리고 하나님이 그들에게 "생육하고 번성하여 땅을 채우라, 땅을 정복하라, 바다의 물고기와 하늘의 새와 땅에 움직이는 모든 짐승을 다스리라"라고 말씀하셨다.

창 2:15 여호와 하나님이 그 사람을 데리고 에덴동산에 두어 그것을 경작하고 지키게 하셨다.

위 본문에 의하면 위임명령은 다음 단계로 이루어진다. 우선, 하나님이 사람들에게 "복"을 주셨다. 복은 이스라엘이 하나님과 언약 관계를 유지하는 상태를, 반대로 저주는 그 관계가 깨어진 상태를 함의한다. 시편 1편의 언어로 표현하자면, 복은 나무가 물가에 심기어 마르지 않고 제때에 열매를 맺는 것에, 저주는 나무가 수분을 얻지 못해 말라 죽어 가는 것에 해당한다.

다음, 복을 받으면 "생육하고 번성"한다. 이것은 일차적으로 자녀가 많이 태어나 땅에 가득한 것, 즉 다산을 가리킨다. 그러나 궁극적으로는 하나님께 받은 생명이 선한 영향력이 되어 삶의 자리에 퍼지는 것을 의미한다.

마지막으로, "땅을 정복"하는 단계가 온다. 이 시대에 정복은 폭력을 생각나게 하지만, 성경에서 그것은 땅을 다루는 사람의 지위와 책임을 의미한다. 땅을 "경작하고 지킬" 책임이 사람에게 있다는 것이다. 우상숭배를 배경에 두고 생각해 본다면, 자연과 거기서 난 것은 경작과 보존의 대상이지 숭배의 대상이 아니며, 책임의 대상이지 굴복의 대상이 아니다. 성서적 세계관은 바로 이 점에 기초한다.

이상의 과정을 정리하자면, 복을 받으면 생육하고 번성하여 땅을 경작하게 된다. 다시 말해, 하나님과의 바른 관계 속에 있으면 선한 영향력을 끼칠 힘을 얻고, 활동을 통해 좋은 결과를 얻는다. 아브라함을 비롯한 족장들이 하나님과 맺은 언약에 자손과 땅에 대한 약속이 포함된 것도 그 때문이다.

그런데 복에서 경작으로 나아가는 것을 가로막는 장애물이 두 가지 있다. 하나는 우리 마음에 있는 것인데 복에 대한 잘못된 동기다. "말 앞에 마차를 둔다"는 말이 있다. 일의 앞뒤가 뒤바뀐 경우, 동기나 목적이 잘못된 경우 등을 가리키는 표현이다. 마차를 끌어야 하는 말이 뒤에서 마차를 밀면 어떻게 될까? 앞이 보이지 않아 방향을 잃는 것은 물론이요, 마차가 균형을 잃어 뒤집어질 수도 있다. 마찬가지로 복은 삶의 동력인데 그것을 삶의 목적으로 삼으면 심각한 문제가 일어난다. 무엇보다 '복을 받았으니 좋은 일 하자'보다 '복을 받아야 하니 좋은 일 하자'라는 태도로 살게 된다. 좋은 일을 하나님의 뜻을 이루는 과정으로 보지 않고, 복을 받아 내는 수단으로 전락시키는 것이다. 우리는 이것을 기복신앙이라고 부른다.

또 하나의 장애물은 복을 가로막는 환경이다. 대표적인 것이 기근이다. 한글 성경에서 '기근'이나 '흉년'으로 번역되는 히브리어 라아브(ra'ab)는 식량 부족이나 굶주림의 상태를 가리킨다.

즉 땅이 산물을 내지 못한 결과 먹을 것이 부족하여 사람들이 심각한 굶주림에 내몰린 상태를 말한다.

　기근은 팔레스타인에서 낯설지 않은 재해였다. 이 때문에 족장이라고 불리는 이스라엘 민족의 조상들은 그곳에 정착하는 데 큰 어려움을 겪어야 했다. 아브라함은 기근을 피해 이집트로 갔고, 그의 아들 이삭은 그랄로 갔다. 아브라함의 손자 야곱의 시절에는 이집트를 포함한 넓은 지역에 오랫동안 기근이 있었고 그 바람에 가족 모두가 이집트로 이주했다. 이제 엘리멜렉 가족도 기근 때문에 모압으로 이주했다.

유다 베들레헴의 에브랏 사람들

　엘리멜렉에게는 아내 나오미와 두 아들 말론과 기룐이 있었다. 그들은 "유다 베들레헴의 에브랏 사람들"이었다. 에브랏이 베들레헴의 옛 이름이니, '유다 지파에 속한 베들레헴 주민들'이었다는 뜻이다. 그런데 그들과 같은 출신 배경을 가진 인물이 사사 시대의 끝자락, 즉 사무엘이 사사로 활동하던 시절에 보인다. 그는 "유다 베들레헴의 에브랏 사람"(삼상 17:12)인 이새, 즉 우리가 잘 아는 다윗의 아버지 이새다.

　앞서 설명했지만 룻기의 줄거리는 암울한 사사 시대 가운데 고통스러운 기근이라는 이중적 시련에서 막을 연다. 그런데 그런 시련 속에서 등장한 사람들이 다윗과 연결된다. 이것은 룻기의 결말에 대한 복선, 즉 나중에 일어날 사건을 암시하는 표현이다. 암울한 상황에서 엘리멜렉 가족 이야기가 시작되지만, 메시아적 인물인 다윗과의 관련성이 한 가닥 소망이 되어 결국 환한 빛에 다다른다는 기대를 안긴다.

엘리멜렉 가족은 기근을 피해 이웃 나라 모압의 시골로 이주했다. 이미 언급했듯이, 이 책에서 '시골'로 번역된 히브리어 사데(sadeh)의 원래 의미는 '들' 또는 '밭'인데, 그 의미가 확장되어 들이나 밭으로 이루어진 '시골' 또는 '지방'을 가리키기도 한다. 이 단어는 나중에 이삭줍기와 유산 무르기의 맥락에 다시 등장하는데, 그때에는 원래 의미를 따라 '밭'으로 번역될 것이다.

어쨌든 이들은 고향 베들레헴을 떠나 모압 시골로 갔다. 아브라함은 기근을 피해 이집트로 갔다가 아내를 빼앗겼는데, 모압으로 간 이 가족에게는 어떤 일이 일어날까?

3. 모압!

1:3 그런데 나오미의 남편 엘리멜렉이 죽고, 그녀와 그녀의 두 아들이 남았다. 4 그들은 모압 여자를 아내로 맞았는데, 한 여자의 이름은 오르바였고 다른 여자의 이름은 룻이었다. 그들은 10년쯤 거기에 거주했다. 5 그런데 말론과 기룐 둘마저 죽어, 그 여자는 두 아들과 남편 뒤에 남았다.

계속되는 죽음

엘리멜렉 가족의 이주를 아브라함의 경우와 비교하면 기묘한 대조점이 보인다. 우선, 아브라함의 경우 남편이 아내를 빼앗긴 반면, 엘리멜렉의 경우 아내가 남편을 잃었다. 다음, 아브라함은 아내를 되찾았지만, 나오미는 남편이 죽어 그럴 수 없었다. 마지막으로, 아브라함은 크게 보상을 받았고 살던 곳으로 돌아와 다시 일어설 수 있었다. 그러나 나오미의 불행은 남편의 죽음으로 끝나지 않았다. 두 아들마저 죽어, 최악의 상황이 벌어졌다.

가진 것이 많지 않은 어느 가족이 기근 때문에 재산을 정리해서 이민을 갔다. 재기의 희망을 품은 채. 그러나 거기서 남편과 두 아들이 죽고, 재산권과 상속권이 없는 세 여자만 남았다. 이들의 마음은 얼마나 찢어졌을까?

왜 이런 일이 일어났을까? 아브라함은 잃은 것 없이 살던 곳으로 돌아올 수 있었는데, 엘리멜렉 가족은 왜 그렇게도 지독한 불행을 겪었을까? 아브라함의 이주와 엘리멜렉의 이주 사이에 어떤 차이점이 있을까? 그리고 엘리멜렉의 죽음과 그의 두 아들의 죽음 사이에는 어떤 관련성이 있을까? 엘리멜렉은 모압으로 이주한 후 죽었고, 그의 두 아들은 모압 여자와 결혼한 후 죽었으니 그들의 불행은 모압과 관련 있지 않을까?

모압으로 이주해서?

룻기의 저자는 엘리멜렉과 그의 두 아들이 죽은 이유를 밝히지 않는다. 그러나 시야를 넓혀 신명기로 눈길을 돌리면, 이스라엘과 모압의 관계에 대해 중요한 사실 한 가지를 알 수 있다. 아래 본문을 보면 모압은 이스라엘이 가까이하지 말아야 할 나라였다.

신 23:3 암몬 사람과 모압 사람은 여호와의 총회에 들어오지 못한다. 십 대에 이르기까지도, 그들 중 아무도 영원히 여호와의 총회에 들어오지 못한다. 4 그것은 너희가 이집트에서 나올 때 그들이 빵과 물을 가지고 너희 가는 길에 너희를 만나지 않았기 때문이며, 메소포타미아의 브돌 출신인 브올의 아들 발람을 매수하여 너희를 저주하려고 했기 때문이다.

3절에서 '총회'로 번역된 히브리어 카할(qahal)은 '모임'이라는 기본적인 의미에서 출발하여, 제사를 위한 절기, 온 백성의 기도회, 하나님과의 언약 갱신 등 국가 차원에서 특별한 경우 소집된 모임이라는 뜻을 가진다.

모압 사람이 여호와의 총회에 들어오지 못하는 이유는 4절에 나와 있다. 이 구절에는 민수기 22-23장에 기록된 한 사건이 인유되어 있다. (다른 글을 '그대로' 가져오면 인용, '요약해서' 가져오면 인유라고 한다.) 이스라엘이 시내산에서 하나님과 언약을 맺은 후 가나안 땅으로 가는 도중 모압 왕 발락이 예언자 발람을 통해 이스라엘을 저주하려 한 사건이다. 그것은 하나님과 언약을 맺은 백성에게 그 언약의 약속이 이루어지는 것을 모압이 대놓고 가로막았다는 뜻이다. 따라서 위 조항의 취지는 '하나님의 언약에 맞서는 사람은 그 언약에 들어올 수 없다'이다. 맞서는 사람의 의사에 반해서 강제로 들어가게 하지 않는다는 뜻이다.

신명기에 기록된 반모압 규정은 바벨론 포로기 이후에도

지켜졌다. 본토로 돌아온 이스라엘 사람들은 하나님과의 언약을 갱신하면서 다음처럼 신명기의 반모압 조항을 재확인했다.

> 느 13:1 그날에 그들이 백성이 듣는 데서 모세의 책을 읽었는데, 거기에 다음과 같이 기록된 것이 있었다. "암몬 사람과 모압 사람은 영원히 하나님의 총회에 들어오지 못한다. 2 그것은 그들이 빵과 물을 가지고 이스라엘 사람들을 만나지 않고, 발람을 매수하여 그들을 저주하려고 했기 때문이다.

모세 시대를 배경으로 하는 반모압 규정이 포로기 이후까지 기억되었다면 이스라엘 역사 내내 모압에 대한 반감이 계속됐다는 뜻이다. 구약의 역사서를 보면 그 점을 분명히 알 수 있다. 다음과 같이 사사 시대와 왕정 시대에도 모압과의 갈등이 계속됐으니 말이다.

> 삿 10:6 이스라엘 사람들이 다시 여호와의 눈에 악한 짓을 하여 바알들과 아스다롯과 아람의 신들과 시돈의 신들과 모압의 신들과 암몬 자손의 신들과 블레셋 사람들의 신들을 섬겼으며, 여호와를 버려 그를 섬기지 않았다.

> 삼상 14:47 사울이 이스라엘에 대한 왕권을 잡고서 주위에 있는 그의 모든 적들, 즉 모압과 암몬 사람들과 에돔과 소바의 왕들과 블

레셋 사람들과 싸웠는데, 향하는 곳마다 패퇴시켰다.

대하 20:1 그 후에 모압 사람들과 암몬 사람들, 그리고 그들과 함께
마온 사람들 중 일부가 여호사밧과 싸우러 왔다. (중략) 22 그들이
노래하며 찬양하기 시작했을 때, 여호와께서 유다를 치러 온 암
몬 사람들과 모압과 세일 산의 사람들에게 복병을 두셔서, 그들
이 패했다.

그렇다면 엘리멜렉이 모압에 가서 죽은 것은 신명기의 반
모압 규정을 어겼기 때문인가? 다시 말해 가지 말아야 할 곳으로
이주하여 징계를 받은 것인가?

모압 여자와 결혼해서?

엘리멜렉에게는 말론과 기룐이라는 두 아들이 있었는데,
둘 다 모압 여자와 결혼했다. 두 여자의 이름은 오르바와 룻이다.
그러면 본문의 순서에 따라 말론의 아내가 오르바이고, 기룐의
아내가 룻인가? 아니면 교차대구법을 감안해서 말론과 룻, 기룐
과 오르바를 각각 부부로 봐야 하는가? 흥미롭게도 이것은 4장
에 가야 확인할 수 있다.

사실 이 부분에서 주목할 점은 배우자 관계보다 두 남자의
갑작스러운 죽음이다. 이 둘은 왜 죽었을까? 죽은 시점이 결혼

후이니, 모압 여자와 결혼하여 그 벌로 죽은 것일까?

여기서 잠시 이방인과의 결혼을 구약성경이 어떻게 규정하는지 파악해야겠다. 구약 시대에는 이방인과의 결혼이 금지사항이었다고 생각하는 사람들이 많다. 반은 맞고 반은 틀린 생각이다.

물론, 구약을 보면 이방인과의 결혼을 금지하거나 억제하는 경우가 있다. 금지의 예로는 다음 신명기 본문을 들 수 있다.

> 신7:1 너의 하나님 여호와께서 네가 들어가 차지할 땅으로 너를 이끄시고 너의 앞에서 많은 민족들, 헷 족속과 기르가스 족속과 아모리 족속과 가나안 족속과 브리스 족속과 히위 족속과 여부스 족속, 즉 너보다 많고 강한 일곱 민족을 쫓아내실 때, (중략) 3 너의 딸을 그들의 아들에게 주고 너의 아들을 위해 그들의 딸을 택하여 그들과 결혼하지 말라.

또한 부정적 결과를 강조하여 이방인과의 결혼을 억제하려는 경우도 있다. 솔로몬은 많은 이방 여자를 자신의 아내와 후궁으로 삼았는데, 이 때문에 그는 그들의 종교를 따라 우상숭배에 빠지고 말았다.

이방인과의 결혼 금지나 억제는 당연히 동족과의 결혼 장려로 이어진다. 아브라함은 아들 이삭의 아내를 찾기 위해 동족에게 사람을 보냈고, 이삭은 아들 야곱을 라반의 집으로 보내면서 동족 중에서 아내를 맞이하라고 했다.

그렇지만 그 반대의 경우도 있다. 우선, 신명기 21장은 전쟁 포로가 된 이방인 여자와의 결혼을 허용한다. 다음, 이스라엘의 지도자들 중에 이방인과 결혼했는데도 솔로몬과 달리 문제에 빠지지 않은 경우가 있다. 모세는 미디안 여자 십보라와 결혼했고 다윗은 그술 여자 마아가와 결혼했지만 하나님은 그것을 문제 삼지 않으셨다. 심지어 야곱의 아들 요셉이 이집트 제사장의 딸과 결혼한 것과 에스더가 페르시아 왕과 결혼한 것은 하나님의 섭리로 보이기까지 한다.

그러면 왜 이렇게 서로 반대되는 듯한 경우가 성경에 함께 있을까? 그 답을 찾으려면 먼저 민족과 종교의 관계 및 이 관계에 대해 결혼이 가지는 의미를 이해해야 한다.

종교가 지금은 개인의 선택 문제로 간주되지만, 인류 역사를 살펴보면 오랫동안 공동체의 문제였다. 구약 시대에는 말할 것도 없었다. 이스라엘 민족은 이집트를 탈출한 뒤에 시내산에서 하나님과 언약을 체결함으로써 여호와 신앙을 민족의 기반으로 삼았다. 간단히 말해 구약 시대에 종교는 민족 정체성의 기반이었다. 이런 관점에서 구약을 읽으면, 동족과의 결혼이 종족 보존의 문제이자 동시에 신앙 보존의 문제임을 알게 된다. 다시 말해, 구약에서 동족과의 결혼을 통한 종족 보존은 궁극적으로 '신앙에 기반을 둔 민족 정체성의 공유와 계승'의 의미를 띤다. 이 점을 염두에 두고 위 경우들을 다시 살펴보겠다.

우선, 이방인과의 결혼을 금지한 신명기 본문을 다시 살펴보면, 그 이유를 알게 된다.

신 7:4 그가 너희 아들을 나를 따르는 데서 돌이켜 다른 신들을 섬기게 할 것이기 때문이다. 그렇게 되면 여호와의 분노가 너를 향해 타올라 즉시 너를 멸할 것이다.

말하자면 이방인과의 결혼이 배교로 이어지고, 그 결과 심판에 놓여 멸망으로 치닫는 것을 막기 위해 금지한 것이다. 그러면 왜 같은 책 21장에서 전쟁 포로와의 결혼은 허락했을까? 이 경우도 배교로 이어질 수 있지 않은가?

구약을 보면 이방인과의 결혼을 금지하고 동족과의 결혼을 강조하는 세 본문이 있는데, 창세기의 족장 서사와 신명기 7장과 에스라서 9-10장이다. 이 세 본문에는 새로운 시대가 열리는 시점이라는 공통적 배경이 있다. 족장 서사의 배경은 조상들이 약속의 땅에 첫발을 디딘 직후이고, 신명기의 배경은 이집트로 가서 한 민족을 이룬 그들의 후손이 다시 그 땅으로 들어갈 준비를 하던 때이고, 에스라서의 배경은 그들이 포로가 되어 그 땅에서 떠났다가 다시 돌아와 정착하던 시기다. 이 세 시점은 이스라엘의 역사의 전환점으로서, 하나님과의 언약으로 받은 약속의 땅에서 새 출발을 하는 때였다.

이런 경우에는 우선적으로 언약에 기초한 민족 정체성을

바로 세워야 했고, 이 때문에 동족과의 결혼을 강조했다. 구체적으로 말하자면, 족장들의 경우는 이주한 지 오래되지 않아서 동족의 수가 적었기 때문에 이방인과의 결혼은 민족 보존을 크게 위협하는 요소였다. 그들의 후손이 이집트에서 한 민족을 이루고 가나안 땅으로 돌아갈 때도 마찬가지였다. 이방인들과의 결혼을 허용한다면 가나안 땅에 자리 잡는 과정에서 민족 정체성이 흔들릴 것이 뻔했다. 마지막으로, 에스라서에 등장하는 사람들은 다음과 같은 어려움에 직면해 있었다. 첫째, 포로 생활 후 본토로 돌아왔지만 주변에 있는 이방인들의 방해로 정착에 큰 어려움을 겪었다. 둘째, 이방인들과의 무분별한 결혼을 통해 신앙 정체성이 무너진 가정이 많아서 민족 차원에서 하나님과의 언약이 깨어져 가는 상황이었다. 이런 상황에서 언약 갱신을 진행하던 에스라와 느헤미야는 이방인과의 결혼을 무효화시키는 정책을 채택했다. 무너져 가는 언약을 바로 세우기 위해 극단적인 조치를 취한 것이다.

이처럼 어떤 '특수한' 경우에 이방인과의 결혼을 금지했다는 것은 모든 경우에 적용되는 '보편적' 원칙이 아니라는 뜻이다.[4) 위에서 열거한 특수한 상황이 아닌 경우에는 다음과 같이 이방인과의 결혼이 허용됐다.

첫째, 민족 정체성에 위협이 되지 않는 경우이다. 그 한 예가 위에서 언급했듯 전쟁 포로와의 결혼인데, 여기에는 다음과 같은 이유가 있었다. 우선 전쟁 포로와의 결혼은 소수의 경우여

서 양적으로 큰 위협이 아니었다. 또한 전쟁에서 이겼으므로 상
대적 우위에 있기 때문에 그쪽 종교가 이스라엘에 영향을 끼칠
가능성이 낮았다.

둘째, 이방인과의 결혼이 오히려 민족 보존에 큰 도움이 되
는 경우가 있다. 요셉은 이집트의 이인자가 되었지만 외국인이
었고 그 나라에 아무런 기반이 없었다. 그런 상황에서 이집트의
왕이 그를 당시 왕가에 비견될 만한 제사장 가문의 사위로 만듦
으로써 든든한 정치적·사회적 기반을 제공했다. 말하자면, 요셉
에게 도전하면 제사장 가문에 도전하는 것이 되므로 아무도 그
를 함부로 대하거나 해칠 수 없게 됐다. 이렇게 견고한 입지에
선 요셉은 풍년과 흉년에 대한 정책을 방해 없이 시행할 수 있었
고, 그 과정을 통해 자신의 가족을 극심한 기근에서 구할 수 있
었다. 하나님의 섭리가 이루어지는 과정에 이방인과의 결혼이
포함된 것이다.

에스더의 결혼도 마찬가지다. 페르시아 왕과 결혼해서 왕
비가 되었기 때문에 에스더는 동족 말살의 위기에 처했을 때 왕
의 도움을 얻어 그들을 구할 수 있었다. 에스더서 4장에 나오는
모르드개의 말은 에스더의 결혼이 동족 구원을 위한 하나님의
섭리임을 내비친다.

> 에 4:14 만일 그대가 이때에 완전히 침묵하면, 구조와 구원이 유다
> 인을 위해 다른 데로부터 일어나겠지만, 그대와 그대 아버지의

집은 멸망할 것입니다. 그대가 이와 같은 때를 위해 왕권에 이르지 않았는지 누가 알겠습니까?

정리할 때가 됐다. 이방인과의 결혼은 동족 보존을 강조해야 할 경우가 아니라면 금지되지 않았다. 그러니 일단 두 아들이 왜 죽었는지에 대한 판단을 유보하고서 룻기를 계속 읽어 가는 것이 좋겠다.

4. 변함없는 사랑

1:6 그녀는 며느리들과 함께 일어나 모압의 시골로부터 돌아
가려고 했는데, 그것은 여호와께서 그의 백성을 돌아보셔서 그들
에게 양식을 주셨다는 것을 모압의 시골에서 들었기 때문이었다.
7 그래서 그녀는 두 며느리와 함께 있던 곳에서 나가서, 유다 땅으
로 돌아가려고 길을 갔다. 8 그러다가 나오미가 두 며느리에게 말
했다. "가라, 각자 자기 어머니의 집으로 돌아서라. 여호와께서
너희에게 변함없는 사랑을 베푸시기를 바란다. 너희가 죽은 자
들과 나에게 했듯이 말이다. 9 여호와께서 너희로 하여금 각자 자
기 남편의 집에서 안식을 찾게 해주시기를 바란다." 그리고 그녀
가 그들에게 입 맞추자, 그들이 목소리를 높여 울었다. 10 그들은
그녀에게 "아닙니다. 저희는 당신과 함께 당신의 백성에게 돌아
가겠습니다"라고 말했다. 11 그러자 나오미가 말했다. "내 딸들아,
돌아가라. 왜 나와 함께 가려느냐? 내 태에 아들들이 있어서 너희

의 남편이 될 수 있느냐? [12] 내 딸들아, 돌아서서 가라. 내게 남편
이 있기에는 너무 늦었다. 나에게 희망이 있다고 내가 말한다 하
더라도, 이 밤에 남편이 있어서 아들들을 낳는다 하더라도, [13] 그
때문에 너희가 그들이 자랄 때까지 기다리겠는가? 그 때문에 너
희가 남편 얻기를 그만두겠는가? 아니다, 내 딸들아. 하나님의 손
이 나를 치셨기에, 나는 너희 때문에 무척 괴롭다."

헤세드

나오미는 본국의 기근이 끝났다는 소식을 듣고 귀국을 결
심했다. 그 결심의 과정이 쉬웠을 것 같지는 않다. 한편으로 생각
하면, 남편과 두 아들을 잃은 처지에서 고통스러운 타국 생활을
계속할 이유가 없었다. 그러나 반대로 생각해 보면, 고향으로 돌
아가 봐야 거기 사람들의 잡담거리만 될 것이니, 차라리 남편과
아들이 죽은 곳에서 자신의 뼈를 묻는 것이 낫지 않았을까. 이런
선택의 기로에서 나오미는 실패한 자리에 주저앉기보다 일어나
원래의 자리로 돌아가기를 선택했다.

처음에는 며느리들까지 세 사람이 가려 한 것 같다. 7절에
서 '갔다'에 해당하는 히브리어 동사가 복수형이니 말이다. 그러
나 길을 가던 나오미는 며느리들에게 그곳에 남아 새 출발을 하
라고 권유했다. 이 장면에서 "변함없는 사랑"이라는 표현이 나오
는데, 이것은 히브리어 헤세드(chesed)를 번역한 것이다.

헤세드가 영어로는 역본에 따라 'mercy', 'love', 'steadfast love' 등으로 번역된다. 이 단어가 한글 성경에서는 주로 "인자"로 번역되는데, 룻기에서는 "선대"(1:8), "은혜"(2:20), "인애"(3:10)로 모두 다르게 번역되어서 같은 단어라는 사실을 알기 어렵게 됐다. 이 책에서는 그 단어를 '변함없는 사랑'으로 번역했는데, 그 까닭은 뒤에서 설명하겠다. 문맥상 그저 '사랑'으로 번역한 경우도 있다.

본문을 계속 읽어 가기 전에 확인해 둘 것이 있다. 나오미와 두 며느리는 어떤 말을 사용했을까? 나오미가 현지어인 모압어를 배웠을까, 아니면 며느리들이 집안 언어인 히브리어를 배웠을까? 사실, 히브리어와 모압어는 둘 다 가나안어에 속하는 언어로서, 문법과 어휘는 물론, 문자도 비슷했다. 말하자면 둘 사이의 차이는 사투리 차이 정도였다. 따라서 양쪽이 각자의 언어를 하더라도 소통에 큰 어려움은 없었다.

사랑과 진실

출애굽기 34장에는 하나님의 정체성이 놀랍도록 선명하게 드러나는 부분이 있는데, 그 중심에는 헤세드가 포함된 다음 구절이 있다.

출 34:6 여호와께서 그의 앞으로 지나가시며 선포하셨다. "여호와,

여호와, 자비롭고 은혜롭고 더디 분노하고 변함없는 사랑과 진실이 많은 하나님,

이 구절의 배경에는 출애굽기 32장에 서술된 배교 사건이 있다. 그 사건을 간단히 정리하면 이렇다. 모세는 하나님의 계명을 받느라 시내산에서 오랜 시간을 보냈다. 그가 산에서 내려와 보니, 이스라엘 백성이 우상숭배에 빠져 있었다. 그 죄를 해결하는 과정에서, 그는 다음같이 여호수아와 함께 회막에 들어가서 기도했다.

출 33:7 모세가 장막을 가지고 진영 밖에, 진영으로부터 멀리 치고서 그것을 회막이라 불렀는데, 여호와를 찾는 자는 모두 진영 밖에 있는 회막으로 나갔다. (중략) 11 사람이 자기 친구에게 말하듯이, 여호와께서 모세에게 얼굴을 마주 대하고 말씀하셨다. 모세는 진영으로 돌아갔지만, 그의 보좌관인 젊은이, 눈의 아들 여호수아는 그 장막을 떠나지 않았다.

이 본문을 읽을 때 두 가지가 생각난다. 우선, 빛의 화가라 불리는 렘브란트다. 그가 이 장면을 그렸다면, 그 화폭에 다음과 같은 광경이 펼쳐지지 않았을까? 화면 전체를 뒤덮은 어둠을 배경으로 한쪽에는 장막이, 다른 쪽에는 이스라엘 진영이 있다. 장막의 입구는 반대쪽으로 열려 있는데, 장막 안쪽에서 빛이 발산

하여 진영을 향해 뻗어 간다. 열린 입구를 통해 보이는 곳에는 두 사람이 섰는데 빛이 발산하는 쪽을 향해 누군가에게 말하고 있다.

모세는 회막에서 하나님의 영광을 보여 달라고 기도했다. 그리고 그 응답으로 후에 하나님이 그에게 나타나셨다. 그런데 출애굽기 34장에 서술된 이 응답의 장면에는 구약 어디에서도 찾아볼 수 없는 특별함이 있다. 꿈이나 환상으로 계시하시지 않고 친히 영광 중에 나타나셨기 때문이다. 그 영광을 모세가 감당할 수 없었기 때문에, 하나님은 그를 바위 뒤에 두고서 자신의 이름과 성품을 계시하셨다. 그렇게 계시된 성품의 중심에 "변함없는 사랑과 진실"이 있었다. 말하자면, 배교와 언약 파기를 통해 어둠에 휩싸인 이스라엘 백성에게 하나님은 여전히 사랑과 진리의 빛을 비추고 계셨다. 이처럼 헤세드라는 단어에는 '언약 관계를 변함없이 지킨다'는 함의가 있다. 이 책에서 헤세드를 '변함없는 사랑'으로 번역한 것은 이 때문이다.

또 하나 생각나는 것은 요한복음에 나오는 다음 본문이다.

> 요 1:14 말씀이 육체가 되어 우리 가운데 거주하셨는데, 우리가 그의 영광, 즉 아버지의 외아들의 것과 같은, 은혜와 진리가 충만한 영광을 보았다.

이 구절에서 "거주하셨는데"로 번역된 그리스어 동사 스케

노오(*skenoō*)는 원래 '장막에 거주하다'라는 뜻의 단어다.[5] 따라서 "말씀이 육체가 되어 우리 가운데 거주하셨다"는 것은 하나님이 회막(만남의 장막)을 통해 이스라엘 사람들과 함께하셨듯, 이제는 하나님의 아들이 살아 있는 회막이 되어 사람들 가운데 지내셨다는 것이다. 그리고 "은혜와 진리"는 구약의 "변함없는 사랑과 진실"에 대응되는 표현이다. 이스라엘 사람들이 종종 언약을 어기고 범죄했어도 하나님은 그 언약을 변함없이 진실하게 지키셨는데, 이제 그 사랑과 진실이 예수 그리스도를 통해 드러났다. 바로 그 사랑과 진실, 은혜와 진리가 내뿜는 빛이 예수 그리스도의 영광이다.

며느리의 사랑

다시 본문으로 돌아가자면, 나오미는 사사 시대의 기근이라는 절망적 상황을 벗어나려 타국으로 갔다가 남편과 두 아들을 거기서 모두 잃었다. 그녀의 인생에서 가장 어둡고 거친 곳에 내팽개쳐진 것이다.

그런데 그런 삶의 자리를 밝혀 주는 빛이 있었는데, 그것이 바로 며느리들이 보여준 헤세드였다. 위 본문의 8절을 보면, 나오미는 "여호와께서 너희에게 변함없는 사랑을 베푸시기를 바란다. 너희가 죽은 자들과 나에게 했듯이 말이다"라고 말했다. 말하자면 두 며느리는 자기 남편을 사랑했고, 남편이 죽은 다음에는 남편의 어머니를 여전히 사랑했다. 이 변함없는 사랑 때문에 나오미는 깊은 어둠을 통과해 갈 수 있었다.

나오미는 고국에서 기근이 끝났다는 소식을 듣고서 고향으로 돌아가기로 결심했다. 그녀는 며느리들에게 새 남편 얻기를 권유했고, 하나님께서 사랑을 베푸시기를 기원했다. 그리고 입맞춤으로 작별 인사를 했다. 그러나 그들은 나오미와 함께하고 싶은 마음을 울면서 토로했다.

새 남편

나이 들어 혼자 지내는 것보다 누군가를 옆에 두는 것이 더 좋다는 것을 나오미가 왜 몰랐겠는가. 그러나 그렇게 며느리들을 붙잡아 둘 수가 없었다. 아무 힘도 없는 그녀가 그들을 낯선 곳으로 데려간다는 것은 그들의 앞날을 망치는 것이기 때문이었다.

나오미는 그들에게 해줄 것이 전혀 없다고 말했다. 그런데 그 말의 내용이 이상하다. "내 태에 아들들이 있어서 너희의 남편이 될 수 있느냐"라니. 뿐만 아니라, "이 밤에 남편이 있어서 아들들을 낳는다 하더라도, 그 때문에 너희가 그들이 자랄 때까지 기다리겠느냐"라니. 나오미에게서 아들이 태어나면 며느리의 남편이 될 수 있다는 건데, 이게 무슨 말인가?

구약에는 '수혼'이라고 불리는 제도가 있는데 그 내용은 다음과 같다.

<blockquote>
신 25:5 형제들이 함께 거주하는데 그들 중 하나가 죽고 아들이 없으면, 죽은 자의 아내는 가족 밖의 타인과 결혼하지 말아야 한다. 그녀의 남편의 형제가 그녀에게 들어가서 그를 아내로 받아들여 남편의 형제로서 가지는 의무를 그녀에게 다해야 한다. 6 그녀가 낳은 첫 아들은 그 죽은 형제의 이름을 이어서, 그의 이름이 이스라엘로부터 지워지지 않게 해야 한다.
</blockquote>

본문에 "그녀에게 들어가서"라는 표현이 보이는데, 이 표현에 성적인 의미는 없다. 구약에서 '누군가에게 들어간다'는 것은 그가 있는 집이나 방에 들어간다는 뜻이다. "요셉이…바로에게 들어가니"(창 41:4), "에훗이 그에게로 들어가니"(삿 3:20), "바락이 그에게 들어가"(삿 4:22) 등을 보면 알 수 있는 사실이다. 그런데 이 표현이 맥락에 따라 '방에 들어가서 함께 산다'는 뜻이 되어 결혼의 의미를 가지기도 한다.

위 본문을 보면, 한 남자가 결혼해서 아들 없이 죽을 때에는 그와 가장 가까운 형제가 그의 아내와 결혼해서 아들을 낳는데, 이때 그 아들은 죽은 자의 아들이 되어 그의 이름과 유산을 잇게 된다. 일부다처와 근친혼을 금기시하는 지금으로서는 이해하기 어려운 제도다. 그러나 구약에서 이 제도는 문화명령과 언약에 근거한 땅의 상속이라는 차원에서 중요한 의미를 띤다. 즉 어느 가족이 받은 땅이 다른 가족에게 넘어가지 않고 그 가족의 후손에게로 상속되어, 그 땅을 계속 경작할 수 있게 하는 제도인 것이다.

이제 나오미가 무슨 말을 하는지 알 수 있게 되었다. 남편이 없으니 아이를 낳을 수 없고, 남편이 있다 해도 낳을 나이를 지나 버렸고, 혹시 낳을 가능성이 있다 하더라도 태어난 아이가 결혼할 때까지 자라려면 오랜 기간을 기다려야 하는데, 그게 가능하겠느냐는 것이다.

재산권과 상속권이 남자에게 있던 시절에 여자가 남편과 아들 없이 산다는 것은, 아무런 도움이나 보호를 받을 수 없어 생존 자체가 위협받는 처지에 놓임을 의미했다. 나오미가 그들에게 자기를 따라오지 말고 본국에 남아 재혼하라고 한 것도 그 때문이었다.

하나님의 징계인가

나오미는 자신을 따라오지 말아야 할 이유 하나를 더 알려주었다. 자신이 하나님의 징계를 받아 불행해졌다는 것이다. 사실, 이것은 앞서 말한 것보다 더 심각한 이유였다. 하나님의 도움이 있으면 어떤 문제도 극복할 가능성이 있는데, 하나님의 벌을 받아 아무것도 할 수 없는 처지가 됐다는 뜻이기 때문이다.

이 책 3장에서 두 가지 질문을 던졌었다. 하나는 '엘리멜렉의 죽음은 모압으로 이주했기 때문인가'였고, 다른 하나는 '두 아들의 죽음은 모압 여자와 결혼했기 때문인가'였다. 나오미는 그렇게 여긴 것 같다. 그들의 죽음으로 인한 자신의 처지를 하나님의 징계로 해석했으니 말이다. 그러나 룻기도 그렇게 말하고자 하는지는 두고 봐야 한다. 즉 한 등장인물의 말이 룻기 전체의 메시지와 일치한다고 단정할 수는 없다. 우리는 아직 룻기의 첫 장도 다 읽지 못했지 않은가.

5. 고향으로

1:14 그들은 다시 소리 높여 울었다. 그러고 나서 오르바가 시어머니에게 입 맞추었다. 그런데 룻은 그녀를 붙들었다. ¹⁵ 그러자 그녀가 "보라, 너의 동서는 자기 백성과 자기 신들에게 돌아갔다. 너의 동서를 따라 돌아가라"고 말했다. ¹⁶ 그러나 룻이 말했다. "당신을 떠나 당신을 따르지 말고 돌아가라고 강요하지 마십시오. 당신이 가는 곳에 저도 가고, 당신이 머무는 곳에 저도 머물겠습니다. 당신의 백성이 저의 백성이 되고, 당신의 하나님이 저의 하나님이 될 것입니다. ¹⁷ 당신이 죽는 곳에 나도 죽어, 거기에 묻힐 것입니다. 죽음이 저와 당신 사이를 갈라놓는다 하더라도, 여호와께서 나에게 그렇게 하시고 더 하시기를 바랍니다." ¹⁸ 룻이 그녀와 함께 가기로 굳게 결심한 것을 그녀가 보고서 말하기를 그쳤다.

¹⁹ 그들 둘은 베들레헴에 들어가기까지 걸었다. 그들이 베들

레헴에 왔을 때 온 도시가 그들 때문에 소란했다. 여자들이 "이 여자가 나오미입니까?"라고 말했다. ²⁰ 그러자 그녀가 그들에게 말했다. "나를 나오미라고 부르지 마시오. 나를 마라라고 부르시오. 전능자께서 나를 매우 괴롭게 하셨으니 말입니다. ²¹ 내가 가득 차서 나갔는데, 여호와께서 나를 빈손으로 돌아오게 하셨습니다. 왜 나를 나오미라고 부릅니까? 여호와께서 나를 징계하셨고, 전능자께서 나를 불행하게 하셨습니다." ²² 이렇게 나오미가 모압 시골에서 돌아온 모압 며느리 룻과 함께 돌아왔는데, 보리 추수가 시작될 때 그들이 베들레헴에 왔다.

당신이 가는 곳에 나도

나오미가 그들이 남아야 할 이유를 대며 설득하자, 오르바는 나오미의 말을 받아들였다. 그러나 룻은 "강요하지" 말라면서 나오미를 따라가겠다는 뜻을 굽히지 않았다. 오히려 그녀의 백성과 하나님을 자신의 백성과 하나님으로 받아들이겠다고 말했다. 이스라엘인으로 귀화하고, 이스라엘인의 신앙으로 개종하겠다는 뜻이었다.

내가 회장으로 있던 한 단체에서 수련회 주강사로 기독교 문화학의 권위자인 로마나우스키William D. Romanowski 교수를 초청한 적이 있다.⁶⁾ 그는 『대중문화전쟁』, 『맥주, 타이타닉, 그리스도인』 등의 저서로 우리나라에도 잘 알려져 있다. 그런데 그가 한쪽 귀를 뚫어 귀걸이를 했다는 말을 지인으로부터 들었다. 그렇게 하는 것이 유행이던 때여서 저명한 기독교 학자가 그런 유행을 따른다는 것에 좀 놀랐다. 그런데 본인으로부터 그 이유를 들어 보니, 출애굽기의 다음 조항 때문에 귀를 뚫었다는 것이었다.

출 21:2 네가 히브리인 종을 사면 그는 여섯 해 동안 섬길 것이며, 일곱째 해에는 몸값 지불 없이 자유인으로 나갈 것이다. 3 만일 그가 혼자 왔으면, 혼자 나갈 것이다. 만일 그가 결혼한 채 왔으면, 그의 아내가 그와 함께 나갈 것이다. 4 만일 그의 주인이 그에게 아내를 주어 그녀가 아들이나 딸을 낳았으면 아내와 그녀의 아이들은 주인에게 속할 것이며, 그는 혼자 나갈 것이다. 5 그러나 그 종이 "내가 주인과 내 아내와 내 자녀를 사랑하니, 자유인으로 나가지 않겠습니다"라고 분명히 말하면, 6 주인은 그를 하나님께 데리고 가고, 또한 그를 문이나 문설주에 데리고 갈 것이며, 주인은 그의 귀를 송곳으로 뚫을 것이다. 그러면 그가 영원히 그를 섬길 것이다.

이스라엘 사람이 가난에 내몰릴 경우, 해결 방법은 땅을 누군가에게 파는 것이다. 그래도 안 될 때는, 다른 사람의 종이 되어 임금을 받으며 일했다. 그 기간은 6년을 넘을 수 없었다. 6년이 지나면 자동으로 자유인이 되도록 정해져 있었다. 그 기간 중에 희년이 와도 자유인이 됐다. 그리고 부부가 함께 고용되었다면 부부가 함께 자유인이 됐다. 그러나 독신 상태에서 고용됐다가 고용 기간 중에 고용주의 주선으로 결혼을 했고 자녀를 낳았다면, 그 기간이 끝났을 때 그의 아내와 자녀는 그와 함께 나갈 수 없었다. 혼자 왔으면 혼자 나가야 했기 때문이다. 그렇기 때문에 고용 기간 중의 결혼은 신중을 기해야 할 일이었다. 그런데 고용주의 주선으로 결혼한 경우에 자기 가족과 헤어지지 않는 한 가지 방법이 있었다. 고용 기간이 끝났는데도 떠나지 않고 종신 하인으로 남는 것이다. 바로 이 부분에 주목할 만한 단어가 보인다. 종신 하인으로 남는 이유가 주인과 가족을 "사랑"해서다. 그리고 그런 결심의 표지로 귀를 뚫었다.

이 귀 뚫기 조항이 우리에게 말해 주는 것이 있다. 자신의 자유와 누군가를 향한 사랑 중에 한 가지를 선택해야 할 때 사랑을 위해 자유를 포기할 수 있다는 것이다. 로마나우스키 교수가 귀를 뚫은 것은 예수 그리스도를 사랑해서 평생 그의 종으로 살겠다는 표시였다.

룻의 선택도 본질적으로는 그와 같았다. 본국에 남아 재혼하여 새 출발 하는 길과 나오미와 함께하는 험난한 길 사이에서, 그녀는 나오미와 함께하는 길을 선택했다. 가난한 시어머니와의 동행은 의무감만으로 되지 않는다. 그런데 나오미를 따라 불확실한 미래를 향해 가는 험난한 길을 선택한 것을 보면, 둘 사이에 그 어떤 상황이나 조건에도 변하지 않는 사랑이 있었음에 틀림없다.

롯의 선택에는 또 다른 선택이 따랐다. 귀화와 개종이었다. 이미 보았듯이, 당시 종교는 개인의 문제가 아니라 공동체의 문제여서 귀화는 개종을 의미했다. 그러니 귀화는 지금보다 훨씬 심각한 문제였다.

인생의 무게는 가치의 우선순위와 그것에 근거한 선택으로 정해지는 법이다. 그렇다면 롯의 선택은 어떤 결과를 가져올 것인가.

베들레헴 시에서

본문을 보면 두 사람이 베들레헴에 도착하자 온 도시가 떠들썩했다는데, 두 가지 의문이 생긴다. 베들레헴이 도시라고 불릴 정도로 큰 곳이었나? 온 도시가 떠들썩했다는데 나오미가 그 정도로 유명한 사람이었나?

이 두 질문에 대한 답을 찾기 전에 먼저 해결할 문제가 있는데, 그것은 성경 본문에서 '도시'라는 표현이 상당히 낯설어 보인다는 점이다. 이 단어가 한글 성경에는 전혀 나오지 않기 때문이다. 그런데 영어 성경과 한글 성경을 비교해 보면 흥미로운 점이 보인다. 영어 성경에 'city'가 있는 자리에 한글 성경에는 '성'이 있다는 것이다. 같은 단어가 영어로는 'city'로, 우리말로는 '성'으로 번역된다는 뜻 아닌가. 그렇다. 히브리어 이르(ir)가 그렇게 번역된다. 그 이유가 무엇인가? 이르의 의미에 도시와 성이 겹쳐 있기 때문인가? 아니면, 도시와 성 사이에 우리가 모르는 관련성이 있어서인가?

히브리어 '이르'는 성벽으로 둘러싸인 주거지를 가리키는 단어다. 성벽으로 둘러싸였다는 것은 정해진 구역에 사람들이 밀집해서 산다는 뜻이다. 이런 개념에 맞는 지금의 거주지가 도시다. 그러나 한글 성경은 '도시' 대신에 '성'이나 '성읍'을 선택했는데, 그럴 만한 이유가 있다. 원래 한자어 성(城)이 히브리어 '이르'처럼 성벽으로 둘러싸인 밀집된 주거지를 의미했기 때문이다. 그 좋은 예가 고구려의 수도 '평양성', 조선의 수도 '한성' 등이다. 그러니 '성'은 히브리어 이르의 완벽한 번역어라고 할 수 있다. 그런데 문제가 생겼다. 지금은 그 단어가 중세 유럽의 요새화된 건물 단지, 즉 영어로 'castle'이라 부르는 것을 의미하기 때문이다. 그러니 한글 성경에서 '성'이 나오면, 그것이 주거지를 가리킨다는 점을 기억해야 한다. 이 점을 감안해 이 책에서는 히브리어 이르를 아예 '도시'로 옮겼다.

다음, 베들레헴이 도시라면 거기에 사람들이 많이 살았을 것이라고 생각하기 쉽지만 실제로는 그렇지 않다. 도시의 기준이 시대와 지역에 따라 달라서, 주민의 수만으로 판단할 수 없기 때문이다. 우리나라에서 도시로 인정받으려면 주민의 수가 적어도 5만 명이 돼야 한다. 그러나 인구밀도가 낮은 북유럽 국가 중에는 수백 명만 돼도 도시로 인정하는 데가 있다. 지금보다 인구가 적었던 고대사회도 마찬가지다.

사실, 당시 베들레헴의 인구도 수백 명 정도였다. 그렇다면 나오미 때문에 온 도시가 떠들썩했다는 것을 의아하게 여길 필요는 없다. 한두 사람만 건너면 모든 사람들의 형편을 알 수 있었을 테니 말이다.

이 여자가 나오미인가

나오미와 룻이 베들레헴에 도착하자 소동이 일어나면서 사람들이 "이 여자가 나오미입니까?"라고 물었다. 이 물음의 의미에 대해 성서학자들의 견해가 갈린다.[7] 한쪽은 너무나 달라진 나오미의 모습에 대한 충격의 반응이라고 본다. 떠난 지 오랜 후에 완전히 망해서 돌아왔으니 그럴 만도 하다. 그렇다면 그 질문은 "아니, 이 여자가 나오미라고?" 정도가 될 것이다. 다른 쪽은 오랜만에 만난 사람에 대한 반가움의 표현으로 여긴다. "이게 누구야? 나오미잖아!" 식의 표현이라는 것이다.

그러나 곰곰이 생각해 보면, 그 질문이 충격에서 나왔든 반가움에서 나왔든 그것이 나오미에게 무슨 문제가 되었겠는가. 어차피 망해서 돌아와 고통과 수치를 안고 살아가야 할 테니. 사실, 질문의 의미보다 중요한 것은 질문에 대한 나오미의 반응이다. 그녀는 자신을 나오미가 아니라 마라로 부르라고 했다. 히브리어로 나오미(naŏmi)는 '기쁨'을 의미하지만, 마라(mara')는 '씀', '괴로움' 등을 가리킨다. 그녀는 자신이 하나님의 징계를 받아 불행에 빠졌기 때문이라고 말했다.

앞 장에서, 우리는 나오미가 자신의 불행을 하나님의 징계로 해석하는 것을 보면서, 이것이 룻기 전체의 메시지와 일치하는지에 대한 판단을 유보했었다. 흥미롭게도, 나오미는 자신의 불행을 하나님의 징계로 해석하지만 저자는 이에 대해 아무 말도 하지 않는다. 그러니 우리도 섣부른 판단을 자제하면서 사건이 어떻게 진행되는지 지켜볼 수밖에.

시작된 보리 추수

구약 시대 이스라엘의 농사는 이렇게 진행된다. 우선, 건기인 여름이 지나면 가을에 '이른 비'가 내려 마른 땅을 적시는데, 이때 밭을 갈고 보리와 밀의 씨를 뿌린다. 우기인 겨울이 지나면 3월과 4월에 걸쳐 '늦은 비'가 내리는데, 그 뒤에 보리 추수를 하게 된다. 이 추수를 통해 얻는 첫 열매는 유월절에 제물로 드린다. 이후에는 보리보다 늦게 익는 밀을 추수하는데, 그 첫 열매는 오순절에 드린다. 그리고 여름에는 포도로 시작해서 무화과, 올리브 등의 과일을 거둔다. 이 과일 추수가 끝날 때쯤 수장절이 온다.

룻기 1장은 "보리 추수가 시작될 때 베들레헴에 왔다"는 말로 끝난다. 고국의 오랜 기근이 끝났다는 소식을 듣고서 나오미가 돌아왔을 때, 그 해의 첫 추수가 막 시작됐다. 그 땅에 드디어 풍성한 결실의 계절이 돌아왔는데, 그 계절에 돌아온 나오미와 룻의 삶은 어떻게 될까? 그 땅에 풍년이 다시 온 것처럼 그들도 다시 일어서게 될까?

6. 이삭줍기

2:1 나오미에게는 그녀의 남편의 친척으로서 엘리멜렉 가문 출신의 훌륭한 사람이 있었는데, 그의 이름은 보아스였다. 2 모압 여자 룻이 나오미에게 "밭에 가서 제가 은혜를 입는 사람의 뒤를 따라 이삭을 줍겠습니다"라고 말했다. 그러자 나오미는 그녀에게 "가라, 내 딸아"라고 말했다.

3 그녀는 나가 밭에 가서 추수꾼들의 뒤를 따라 이삭을 줍다가, 우연히 엘리멜렉 가문 출신인 보아스에게 속한 밭의 구획에 이르렀다.

마음의 힘

룻기 2장이 시작되자마자 보아스라는 사람이 언급된다. 그는 "엘리멜렉 가문 출신의 훌륭한 사람"이었다. 여기서 '훌륭한 사람'으로 번역된 히브리어 표현은 이시 깁보르 하일(*ish gibbor chayil*)이다. 이와 비슷한 표현이 룻기 3장에 나오는 에셋 하일(*eshet chayil*)인데, 이것은 잠언 31:10에도 나온다. 이 두 표현이 한글 성경에서는 각각 "유력한 자"와 "현숙한 여인"으로 번역되어 있지만, 원어로는 서로 비슷하다. 각 표현의 처음에는 사람을 뜻하는 이시(*ish*, 남자) 또는 에셋(*eshet*, 여자)이 오고, 끝에는 '힘', '부', '군대' 등을 뜻하는 하일(*chayil*)이 온다. 다른 점은 남자를 가리키는 표현의 중간에는 '강한'이라는 뜻을 가진 형용사 깁보르(*gibbor*)가 온다는 것이다. 이것을 감안해서 직역하면 각각 '힘 있는 강한 남자'와 '힘 있는 여자'가 된다.

그런데 히브리어 '하일'이 문자적으로는 재력이나 무력을 가리키지만, 은유적으로는 내적인 힘인 미덕을 가리킨다. 그렇다면 보아스는 재력과 함께 미덕을 가진 남자이고, 룻은 가난하지만 미덕을 가진 여자다. 이런 점을 감안해서 이 책에서는 그 두 표현을 각각 '훌륭한 남자'와 '훌륭한 여자'로 옮겼다. 영어표준역(ESV)은 그 둘을 각각 'worthy man'과 'worthy woman'으로 번역했다.

룻기 1장이 보리 추수 시작으로 끝났는데, 2장은 '미덕 있는 사람'인 보아스를 언급하면서 시작한다. 보리 추수가 보아스로 이어진 것은 그저 우연일까, 유의미한 연결일까? 만일 유의미한 연결이라면, 이 연결이 나오미와 룻의 삶에 어떻게 작용할까? 그리고 보아스가 나오미의 남편 엘리멜렉의 친척이라는데, 이 관계는 그들의 삶에 어떤 영향을 끼칠까? 이런 질문을 던지며 2장을 계속 읽어 가겠다.

이삭줍기

추수가 시작되자 룻은 이삭줍기를 하러 나섰다. 이삭줍기란 추수 중에 땅에 떨어졌거나 가지에 남은 것을 거두는 것을 가리킨다. 이것은 구약 시대의 복지정책이라 할 수 있는데, 그 규정이 레위기와 신명기에 나와 있다.

레 19:9 너희가 너희 땅의 수확물을 거둘 때 너의 밭의 구석까지 다 거두지 말고, 너의 수확물의 이삭을 모으지 말라. 10 너의 포도원에서 다 따지 말고, 너의 포도원에 떨어진 것을 모으지 말라. 가난한 자와 외국인 체류자를 위해 그것들을 내버려 두라. 나는 너희 하나님 여호와다.

신 24:19 네가 너의 밭에서 너의 수확물을 거두다가 단을 밭에 두고 잊어버릴 때에는, 그것을 가지러 돌아가지 말라. 그것은 너의 하나님 여호와가 너의 손이 하는 모든 일에 너에게 복을 주시도록 외국인 체류자와 고아와 과부를 위해 둔 것이다. 20 네가 너의 올리브나무를 칠 때에는, 다시 그 가지에게로 가지 말라. 그것은 외국인 체류자와 고아와 과부를 위한 것이다. 21 너의 포도원에서 딸 때에는, 너의 뒤에 남은 것까지 따지 말라. 그것은 외국인 체류자와 고아와 과부를 위한 것이다.

이 두 본문의 내용을 종합하면 다음과 같다. 이삭줍기는 기본적으로 고아, 과부, 외국인 체류자와 같은 가난한 사람들을 위해 추수 중에 수확물의 일부를 남겨 두게 하여 그들이 생계를 이어갈 수 있도록 한 제도다. 이 제도는 보리와 밀 같은 곡식은 물론, 포도와 올리브 같은 과일 추수에도 적용됐다. 그 방법을 말하자면, 곡식은 밭 구석에 자란 것, 땅에 떨어진 것, 수확해서 단으로 묶었지만 잊어버리고 놓아둔 것을, 과일은 따다가 지나친 것을 그대로 두어 가난한 사람들이 가져가게 했다. 참고로, 위의 두 번째 본문 20절에 "올리브나무를 칠 때"라는 표현이 나오는데, 이것은 올리브를 수확하는 방법으로서 막대기로 나뭇가지를 쳐서 열매를 떨어뜨리는 것이다. 따라서 "다시 그 가지에게로 가지 말라"는 것은 올리브나무 가지를 치고 지나갔는데 떨어지지 않은 열매가 있으면 가난한 사람들을 위해 그대로 두라는 것이다.

그런데 룻이 보리 이삭을 주우러 나가기 전에 "은혜를 입는 사람의 뒤를 따라" 줍겠다고 말한 것이 눈길을 끈다. 호의를 베푸는 사람을 따라가며 이삭을 줍겠다는 뜻인데, 그런 사람을 만나지 못하면 이삭줍기가 어렵다는 것을 암시한다. 룻이 외국인에게 이삭줍기를 허용하는 조항이 있는지를 몰랐기 때문에, 그래서 외국인인 자기에게 호의를 베푸는 사람을 만나기를 바라서 그런 말을 했을까? 아니면 그 조항을 알고는 있었지만, 당시 상황이 혼란스러운 사사 시대인 만큼 이삭줍기 규정 자체를 무시하고 이삭이나 열매를 모조리 긁어 가는 사람들이 많아서 그랬을까?

우연히

룻은 이삭을 줍다가 "우연히" 보아스의 밭에 가게 되었다. 처음부터 거기 갈 생각이 아니었는데, 이삭을 줍다 보니 그렇게 된 것이다.

본문에서 '우연히'로 번역된 히브리어는 미크레(*miqreh*)다. 이 단어는 기본적으로 '일어난 일'이라는 의미를 띠지만, 룻 2:3과 사무엘상 6:9에서는 '우연히 일어난 일'이라는 뜻에서 '우연히'로 번역된다. 그런데 이 두 본문에서 미크레는 각각 다른 함의를 띤다. 이 점을 이해하려면, 먼저 우리의 삶에 다음 세 요인이 작용하고 있음을 알아야 한다.[8]

첫째, 삶의 환경인 자연은 인과율을 따라 움직인다. 인과율이란 어떤 원인에 필연적으로 어떤 결과가 따른다는 것이다. 따라서 원인만 제대로 파악하면 결과를 정확히 알 수 있다. 이런 점에서 자연의 변화는 결정론적이다. 둘째, 자연과 달리 사람에게는 자유의지가 있다. 같은 조건에서 이 사람과 저 사람의 행동이 다를 수 있고, 같은 사람인데도 그때와 이때의 말이 다를 수 있다. 그러니 결정론적이지 않다. 마지막으로, 하나님께도 자유의지가 있다. 그러나 하나님은 사람처럼 변덕스러우시지 않다. 사람과의 언약을 끝까지 지키시기 때문이다.

이 세 요인을 염두에 두고서 다음 본문을 살펴보겠다.

> 삼상 6:7 그러니 이제 새 수레 하나를 만들고 멍에를 메지 않은 젖소 두 마리를 끌어다가 그 소를 수레에 묶고 그 새끼들을 떼어서 집으로 돌려보내라. 8 여호와의 궤를 가져다가 수레에 두고, 속건 제로 그에게 돌릴 금으로 만든 것들을 상자에 담아서 그 곁에 두고서, 그것을 보내어 가게 하라. 9 그리고 보라. 만일 그것이 자기 지역인 벧세메스의 길로 올라가면 그가 이 큰 재앙을 우리에게 내린 것이요, 그렇지 않으면 우리는 그의 손이 우리를 친 것이 아니라, 그것이 우연히 우리에게 일어났다는 것을 알아야 한다.

이 본문의 배경은 다음과 같다. 블레셋은 이스라엘과의 전쟁에서 빼앗은 법궤를 다곤 신전에 전리품으로 두었다. 이스라엘의 신이 블레셋의 다곤 신에게 굴복당했다는 것을 과시하기 위해서였다. 그런데 다음 날 아침에 보니 신전의 신상이 바닥에 얼굴을 댄 채 엎어져 있었다. 신상을 일으켜 세웠지만, 그다음 날에 다시 넘어졌는데, 이번에는 넘어지면서 머리와 두 손목이 부러졌다. 뿐만 아니라 사람들 사이에서 심한 병이 퍼지기 시작했다. 이 때문에 블레셋의 지도자들이 대책을 세우기 위해 모여 의

논을 했다.

그들이 의논을 통해 규명하고자 한 것은 두 사건의 원인이었다. 법궤를 신전에 둔 다음 날부터 신상이 넘어지기 시작했고 그와 함께 전염병이 퍼지지 시작했으니, 법궤 때문에 그런 일이 일어난 것인가? 말하자면, 여호와의 법궤를 다곤 신전에 두었기 때문에 여호와가 다곤 신상을 벌했고, 다곤을 믿는 사람들까지도 전염병으로 벌한 것인가? 이 점을 확인하기 위해, 그들은 암소 두 마리에게서 젖먹이 새끼를 떼어 낸 후, 두 암소를 수레에 묶은 다음, 수레에 법궤를 실어 떠나보낼 때 어떤 일이 일어나는지 시험해 보고자 했다.

그 시험의 핵심은 다음과 같다. 두 암소가 어디론가 갈 때 두 가지 힘이 작용할 수 있다. 하나는 젖먹이 새끼에게로 가고자 하는 암소의 본능이고, 다른 하나는 법궤를 이스라엘로 되돌리려는 하나님의 의지다. 만일 암소가 새끼에게 간다면 암소의 본능이 작용한 것이다. 그렇다면 법궤를 이스라엘로 돌려보내려는 하나님의 의지가 작용하지 않는다는 뜻이다. 따라서 신전에서 신상이 쓰러지고 사람들 사이에 병이 퍼진 것은 하나님의 의지와 상관없이 "우연히" 일어난 일이다. 그러나 암소가 본능을 거슬러 이스라엘을 향해 나아간다면, 그것은 하나님의 의지가 개입한다는 뜻이다. 따라서 신상이 넘어지고 병이 퍼진 것은 우연이 아니라, 법궤를 이스라엘로 돌려보내려는 하나님의 의지다. 더구나 암소 한 마리가 아니라 두 마리가 동시에 본능을 어기고 이스라엘 쪽으로 간다면, 그 점이 더 분명해진다.

정리하자면, 위 본문에 나오는 "우연히"라는 단어 자체의 함의는 하나님의 섭리에 대한 우연이다. 이와 달리, 룻기 2장에 보이는 "우연히"는 사람의 의지에 대한 우연이다. 룻이 의도하지 않았는데 보아스의 밭으로 가게 되었다는 뜻이다. 그런데 룻기 전체를 읽으면 이 우연을 통해 보아스와의 만남이 이루어지고, 다시 이 만남을 통해 룻과 나오미의 삶에 큰 변화가 생기는 것을 보게 된다. 따라서 그 우연은 하나님의 섭리와 연결된다. 말하자면, 사무엘상 6장의 "우연히"가 하나님의 섭리가 아니라는 의미를 띠는 반면, 룻기 2장의 "우연히"는 하나님의 섭리를 암시한다.

우연이 하나님의 섭리와 연결되는 경우를 잘 표현한 영어 문장이 있다. "우연의 일치는 하나님께서 익명으로 일으키시는 작은 기적이다"(A coincidence is a small miracle in which God remains anonymous). 이런 우연은 겉보기와 달리 하나님의 섭리가 이루어지는 과정이다. 한 마디로 '우연을 가장한 섭리'다.

그러나 어떤 우연은 하나님의 섭리로 보이지만, 나중에 섭리와 무관한 것으로 판명되기도 한다. 이 문제에 대해 내 마음에 각인된 한 사건이 있다.

나귀 새끼와 경차

나는 1999년에 시작한 유학의 마지막 과정을 위해 2002년에 영국 케임브리지로 갔다. 거기서 도시 외곽에 살다 보니 통학에 불편을 겪어 중고차를 사려고 했다. 그러나 중고차 값이 생각보다 높아서 구입을 포기하게 됐다. 대신 기도를 시작했는데, 몇 가지 흥미로운 일이 연달아 일어났다. 우선, 경차를 타고 런던에 가는 꿈을 꾸었다. 다음, 마태복음 21장에서 예수가 나귀 새끼를 타고 예루살렘에 들어가시는 부분을 읽다가 나귀 새끼를 뜻하는 영어 단어가 'colt'(콜트)라는 점에 주목하면서, 콜트라는 경차가 있을지도 모른다고 생각했다. 마지막으로, 얼마 후에 한 자동차 회사 브로슈어가 우편으로 왔는데, 놀랍게도 콜트라는 경차가 있지 않은가!

경차를 타고 런던으로 가는 꿈을 꿨고, 묵상 도중 나귀 새끼(콜트)에 주목하게 되었고, 콜트라는 경차가 나오는 브로슈어를 받았으니, 하나님께서 그 차를 주신다는 표시라고 생각했다. 그런데 한 가지 문제가 있었다. 예수의 제자들은 맞은편 마을로 가서 나귀 새끼를 찾은 다음 그 주인에게 "주께서 쓰시겠다" 말하고서 몰고 왔는데, 나는 어떻게 해야 했을까? 당시 살던 곳의 맞은편 동네인 풀본Fulbourn에 가서 콜트를 찾아야 했을까? 차를 발견했다면 차주를 만나, 주님이 그 차를 쓰실 거라고 말해야 했을까? 그러면 주인이 순순히 차 열쇠를 내주었을까? 분명히 나를 미친 사람 취급했을 텐데 말이다. 이것도 문제지만 더 큰 문제가 있었다. 본문의 나귀 새끼는 주님이 쓰실 것이지만, 콜트는 내가 쓸 것이었다.

거기서 더 나아갈 수가 없었다. 상황은 경차를 가리키는 듯 보이는데, 정작 본문은 다른 쪽을 향하고 있었으니 말이다. 그렇다면 그 꿈은 무엇이었으며, 그 브로슈어는 무엇이었나? 더구나 영국에서 지낸 6년 동안 자동차 브로슈어를 우편으로 받은 것은 그때뿐이었으니, 우연이라고 하기에는 타이밍이 너무 절묘하지 않았는가!

결국 본문을 이길 수 없어서, 나는 차를 위한 기도를 중단했다. 그리고 혼란스러운 마음을 정돈하지 못한 채 1년을 보냈다. 그런데 어느 날 묵상 시간에 마가복음 11장에서 다시 '나귀 새끼'를 만나게 됐다. 그리고 다시 1년 후에 누가복음 19장에서 '나귀 새끼'를 만났다.

이런 과정을 통해 묵상의 초점이 바뀌어 갔다. 맨 처음 마태복음 21장을 읽었을 때에는 나귀 새끼에 주목했는데, 마가복음 11장에서는 예수가 나귀 새끼를 타신 동기와 사람들의 반응에 관심이 가기 시작했고, 누가복음 19장을 읽던 중에는 다시 마태복음 21장을 보면서 "겸손"이라는 단어에 주목하게 됐다. 묵상의 초점이 이동하면서 묵상의 내용도 달라졌다. 처음에는 '나귀 새끼'에 주목해서 그것을 차와 연결하려 했는데, 나중에는 나귀 새끼를 타는 의미인 '겸손'에 주목하면서 내가 하고 있던 공부와 연결하기 시작했다.

우선, 예수가 나귀 새끼를 타신 장면을 상상해 보았다. 본문의 나귀 새끼를 네 살 미만, 즉 세 살 11개월까지로 보고, 예수가 타신 나귀가 작지 않았을 것이라고 추측하는 사람들이 있다. 그러나 갓 태어난 것에서 3년 11개월까지 편차가 있는데, 어떻게 작지 않다고 단정할 수 있을까. 더구나 마가복음 11장에 "아직 아무도 타지 않은 나귀 새끼"라는 표현이 나오는 것으로 보아, 충분히 자라지 않은 것이 분명하다. 그러니 예수는 작은 짐승을 타신 것이 분명하고, 작은 짐승을 타셨다면 볼품이 없었을 것이 분명하다. 그러나 환영하는 인파는 아랑곳하지 않았다. 그들의 시선이 나귀 새끼에게가 아니라 예수께 집중해 있었기 때문이다.

다음, 당시의 내 삶을 돌아보았다. 공부를 마치면 박사학위를 받고 돌아가는데, 그것은 큰 말이나 큰 차를 타고 가는 것과 같았다. 그렇다면 그런 상황에서 겸손은 무엇을 의미하는지 생각해 보았다. 예수는 작은 짐승을 타고 예루살렘에 들어가신 반면, 나는 큰 차를 타고 서울로 돌아가게 되었으니 완전히 반대 아닌가? 그런 모습에 겸손이 깃들이기나 할 수 있을까? 학위를 포기해야 하는 것인가?

깊은 고민 후에 드디어 답을 찾았다. 사람들이 예수가 타신 나귀 새끼에 주목하지 않고 바로 예수께 주목했다면, 사람들로 하여금 내 학위보다 나 자신을 보게 하면 되지 않는가? 그렇다면 나 자신이 내가 가진 것보다 더 크다는 것을 나부터 인식하고 살아야 하는 것 아닌가? 그러면 학위는 나에게 어떤 의미가 있는가? 그리고 다시 확인하게 되었다. 박사학위란 내 사람 됨을 높여 주는 것이 아니라 내 전공을 누구나에게 가르칠 수 있게 하는 면허증 같은 것이라는 점을.

'다시' 확인했다고 했는데, 사실 공부를 준비하면서 학위를 면허증으로 이해해야 한다고 생각했었다. 그런데 나귀 새끼에 대한 오랜 묵상을 통해 그런 이해가 간헐적인 생각으로 그치지 않고 사고체계에 깊숙이 자리 잡게 되었다.

그러면 경차를 위한 기도는 어떻게 됐을까? 경차를 위한 기도를 그만둔 지 한참 뒤에, 케임브리지 대학에 방문학자로 온 한 교수님이 귀국 직전에 자신이 타던 중형차를 나에게 주었다. 결국 차가 생기기는 했지만, 경차는 아니었다.

보아스의 밭에서

경차를 타고 런던에 가는 꿈과 콜트가 실린 브로슈어는 우연이었다. 우연이라고 여기기에는 그 타이밍과 연결이 너무나 절묘했지만, 어쨌든 기도에 대한 응답의 표시는 아니었다. 어쩌면 경차를 타고 가는 꿈에 어떤 의미가 있었을 수도 있다. 그리고 콜트가 실린 브로슈어가 어떤 목적을 띤 채 왔었을 수도 있다. 그러나 둘 다 경차가 생길 것이라는 표시는 아니었다. 그러니 그 모든 것이 경차에 대해서는 우연이었다고 말할 수밖에 없다.

우리에게 일어난 일은 바라는 것과 관련이 있을 수도, 전혀 관계없을 수도 있다. 그런데 그 일 가운데에 있을 때에는 분별하기가 쉽지 않다. 모든 과정이 다하기까지는 그 일의 모습을 완전히 볼 수 없기 때문이다. 더구나 우리의 소원이 강할수록 그 의미를 파악하기가 더 어렵다. 일어난 일을 강한 소원에 맞추어 바라보게 되어, 시각의 왜곡과 함께 잘못된 판단이 일어나기 때문이다. 그렇기 때문에 성경에서 메시지를 제대로 읽어 내려면 성경에 소원을 투영하기 전에 먼저 성경 자체의 의미를 찾아야 한다.

롯기 2장이 열리자마자 보아스가 소개되었는데, 이제 롯이 그의 밭에 "우연히" 이르렀다. 그녀는 그 밭을 스쳐 지나갈 것인가? 다시 말해, 그 발걸음이 그저 우연으로 끝날 것인가? 아니면, 그 우연이 유의미한 일로 이어질 것인가?

7. 주의 날개 아래

2:4 그런데 보라, 보아스가 베들레헴으로부터 와서 추수꾼들에게 "여호와께서 그대들과 함께하시기를 바라네"라고 말했고, 그들은 그에게 "여호와께서 당신께 복을 주시기를 바랍니다"라고 말했다. 5 보아스는 추수꾼들을 감독하는 하인에게 "이 젊은 여자는 누구의 사람인가?"라고 말했다. 6 그러자 추수꾼들을 감독하는 하인이 대답하여 말했다. "그녀는 모압의 시골에서 나오미와 함께 돌아온 모압 여자입니다. 7 그녀가 '추수꾼들의 뒤를 따라 단 사이에서 주워 모으게 해주십시오'라고 말하고는, 와서 아침때부터 지금까지 계속하면서 잠간만 집에서 쉬었습니다." 8 보아스가 룻에게 말했다. "내 딸이여, 들으시오. 다른 밭에 주우러 가지 말며, 이곳을 지나가지 말고 여기 내 하녀들에게 붙어 있으시오. 9 그 여자들이 추수하는 밭에 주목하고, 그 여자들을 따라가시오. 내가 하인들에게 그대를 건드리지 말라고 지시하지 않았소? 목마

르면 그릇에 가서 하인들이 길어 주는 것을 마시시오." 10 룻이 얼굴을 땅에 대고 엎드려 절하면서 그에게 말했다. "제가 무엇 때문에 당신의 눈에서 은총을 보았기에, 당신이 저를 주목하십니까? 저는 외국인인데요." 11 그러자 보아스가 대답해 말했다. "그대가 그대 남편의 죽음 후에 그대 시어머니에게 한 일과, 그대 아버지와 어머니와 태어난 땅을 떠나 그대가 전에 알지 못하던 백성에게 온 것이 모두 나에게 확실히 들렸소. 12 여호와께서 그대의 행위를 갚아 주시기를, 그리고 이스라엘의 하나님 여호와께로부터 완전한 보상이 있기를 바라오. 그대가 그의 날개 아래에 피하러 왔으니." 13 룻이 말했다. "내 주여, 제가 당신의 눈에서 은총을 보았습니다. 제가 당신의 하녀들 중의 한 사람과 같지 않은데도, 당신이 저를 위로하시고, 당신의 하녀에게 친절히 말씀하셨으니 말입니다." 14 식사 시간에 보아스가 그녀에게 "여기에 와서 떡을 먹으며 그대 조각을 식초에 찍으시오"라고 말했다. 그래서 그녀가 추수꾼들 곁에 앉으니, 그가 볶은 곡식을 그녀에게 건네주어, 그녀가 먹고 만족하여 남겼다. 15 그녀가 이삭을 주우러 일어나자, 보아스가 자기 하인들에게 지시하여 말했다. "그녀로 하여금 단 사이에서 줍게 하고 창피를 주지 말라. 16 또한 그녀를 위해 곡식 다발에서 조금 뽑아내어 그녀가 줍도록 버리고, 나무라지 말라."

보아스의 등장

본문에서 "보라"로 번역된 힌네(*hinneh*)는 주목을 끄는 표현이다. 보아스의 등장은 주목할 만하다. 룻이 이삭을 줍다가 우연히 그의 밭에 이르렀는데, 때마침 그가 거기에 왔으니 말이다.

보아스가 베들레헴으로부터 왔다는 것은 베들레헴에서 다른 도시로 왔다는 뜻이 아니다. 이 책 5장에서 보았듯 베들레헴은 성벽으로 둘러싸인 도시였기 때문에, 시내와 바깥의 구분이 명확했다. 따라서 베들레헴으로부터 왔다는 것은 베들레헴 시내에서 성벽 밖의 밭으로 왔다는 뜻이다.

함께 베들레헴에서 살았으면서도 마주치지 못한 두 사람, 어쩌면 마주쳤어도 서로를 알아보지 못했을 두 사람이 우연히 베들레헴 밖의 한 공간에 함께 있게 되었다. 이제 어떤 일이 일어날까? 둘이 얼굴을 마주 대하고 대화하면서 서로가 누구인지를 확인하게 될까?

보리밭의 만남

보아스는 밭에 도착해서 추수꾼들과 인사를 나누었다. 그 인사에는 서로를 축복하는 마음이 담겨 있었다. 밭의 주인과 밭에서 일하는 사람들 사이에 오가는 정겨운 인사에서 보아스의 사람됨이 잠시 엿보인다. 그런데 일꾼들 사이에서 일하는 한 낯선 여자가 보아스의 눈에 들어왔다.

보아스가 감독자에게 그 여자가 누구인지를 묻자, 감독자는 두 가지 내용을 알려 주었다. 나오미와 함께 온 모압 여자라는 것과 밭에 들어온 뒤로 잠깐 한 차례 쉰 것 외에는 내내 이삭 줍기를 했다는 것이다. 사실, 보아스는 이미 룻에 대한 소문을 듣고 있었다. 베들레헴은 한두 사람 건너면 모두가 모두에 대해 알게 되는 작은 도시 아니었던가.

어쨌든 보아스는 그때 처음으로 룻을 대면했다. 그녀는 외국 출신의 가난한 과부였으니, 약자의 조건을 다 갖춘 셈이었다. 그런 룻을 보아스는 어떻게 대했을까? 그전에, 룻은 미인이었을까?

성경에 여자가 주인공인 책이 두 권 있다. 룻기와 에스더서다. 에스더서는 에스더의 용모가 아름다웠다고 한다(에 2:7). 페르시아의 왕비로 뽑힐 정도였으니 얼마나 대단한 미인이었겠는가. 그런데 룻기는 흥미롭게도 룻의 외모를 전혀 언급하지 않는다. 그 대신에 룻의 마음과 행동을 조명함으로써 그녀의 사람됨을 드러내는 데 집중한다. 우선, 룻기 1장에 기록된 나오미와 룻의 대화에는 가난한 시어머니를 변함없이 사랑하는 룻의 마음이 잘 나타나 있다. 다음, 2장에 나오는 룻의 말과 추수꾼 감독자의 말을 보면, 그녀는 가족에 대한 책임감을 가지고 부지런히 일하는 사람이었다.

잠언에는 지혜와 어리석음의 대조가 자주 보인다. 잠언이 지혜를 담은 글이니만큼 당연한 일이다. 그런데 지혜의 반대편에 어리석음이 아니라 게으름이 놓이는 경우가 있다. 사실, 잠언을 자세히 읽으면 지혜와 부지런함이 나란히 놓이고 어리석음과 게으름이 함께 간다는 것이 보인다. 마음의 지혜로움이 행동의 부지런함으로 나타나기 때문이다. 특히 지혜와 부지런함의 연결은 잠언 마지막 장의 "현숙한 여인"에서 절정에 이른다. 그녀는 가족과 일하는 사람들을 돌보기 위해 밤잠도 마다하고 부지런히 일한다. 그녀의 부지런함에 대한 긴 묘사 끝에는 다음과 같은 맺음말이 나온다.

> 잠 31:30 우아함은 거짓되고 아름다움은 헛되나,
>
> 여호와를 경외하는 여자는 칭찬받을 것이다.
>
> 31 그녀에게 그녀 손의 열매를 주며,
>
> 그녀의 행동 때문에 그녀가 성문에서 칭찬받게 하라.

위 본문에는 지혜의 근원과 결과가 드러나 있다. 우선, 인생의 완결에 결정적인 요인은 겉모습이 아니라 하나님을 경외하는 태도인데, 잠언은 이것이 지혜의 근원임을 강조한다(잠 1:7; 9:10). 다음, 지혜는 부지런함으로 나타나며, 이 부지런함과 수고에는 보상이 따른다. 말하자면, 잠언이 말하는 "현숙한 여인"이란 하나님을 경외함으로써 지혜를 얻은 사람이며, 인생을 허비하지 않고 주위 사람들을 돌보기 위해 부지런히 살아가는 사람이다. 그리고 이런 사람에게는 좋은 보상이 따른다. 이것이 현숙

한 여인에 대한 결론이면서, 잠언 전체의 결론이기도 하다.

롯도 그런 범주에 들어가는 사람이었다. 룻기가 주목하는 그녀의 마음과 행동은 잠언의 초점인 지혜와 부지런함에 맞닿아 있다. 한글 성경에서 "현숙한 여인"으로 번역되는 히브리어 '에셋 하일'이 룻기 3장에도 나온다는 것을 이 책 6장에서 밝혔었다. 룻이 바로 그 현숙한, "미덕 있는" 여자인 것이다.

그런 여자, 미모가 아니라 미덕 있는 여자가 마침내 자기를 도와줄 미덕 있는 남자를 만났다!

하나님의 날개 아래

보아스는 롯을 어떻게 도와주었을까? 우선, 그는 룻에게 "다른 데 가지 말고" 그의 밭에서 이삭을 주우라고 했다. 즉 그녀의 일을 보장했다. 다음, 룻이 자신의 일에 집중할 수 있도록, 남자 일꾼들에게 지시해서 그녀를 "건드리지 못하게" 했다. 그녀의 안전도 보장한 것이다. 마지막으로, 룻이 목마르면 물통에 가서 물을 마실 수 있게 했다. 말하자면, 그녀의 활동 범위를 밭에만 제한하지 않고, 일하는 동안 필요한 것을 얻을 수 있도록 그 범위를 넓혀 주었다.

룻은 놀랐다. 자신은 외국 출신의 가난한 과부인데, 무엇 때문에 보아스 같은 사람이 그런 은혜를 베풀었을까? 원문을 직역하자면, 룻이 어떻게 그의 "눈에서 은총을 발견하게" 되었을까?

'(누군가의) 눈에서 은총을 발견한다'는 것은 누군가가 호의에 찬 눈빛으로 자신을 보고 있음을 알았다는 뜻이다. 이 때문에 한글 성경은 그 표현을 '(누군가에게) 은혜를 입는다' 또는 '(누군가가) 은혜를 베푼다'로 의역한다.

보아스가 룻을 호의로 대한 것은 이미 그녀에 대한 좋은 평판을 듣고 있었기 때문이었다. 그 평판의 내용은, 남편을 잃은 뒤에도 가난한 시어머니를 떠나지 않고 부양했으며 그 시어머니를 따라 낯선 땅에까지 왔다는 것이었다. 이런 룻을 그는 "여호와의 날개 아래에 피하러" 온 사람이라고 표현했다.

성경에는 신인동형법anthropomorphism이라 불리는 표현이 자주 보인다.[9] 이것은 얼굴, 눈, 귀, 팔 등 사람의 신체로 하나님을 표현하는 것을 말한다. 앞서 본 '(누군가의) 눈에서 은총을 발견하다'라는 표현도 신인동형법으로 자주 사용되는데, 대표적인 예가 "노아는 여호와의 눈에서 은총을 발견했다"(창 6:8)이다. 이것은 하나님께서 노아를 은혜로 대하신다는 것을 노아 자신이 깨달았다는 뜻이다.

신인동형법 중에는 번역된 성경에 잘 드러나지 않는 것도 있다. 다음 두 구절에는 코를 뜻하는 히브리어 압파임(appayim)이 나오지만, 문자 그대로 번역되지는 않는다.

출 34:6 여호와께서 그의 앞으로 지나가시며 선포하셨다. "여호와, 여호와, 자비롭고 은혜롭고 더디 분노하고 변함없는 사랑과 진실

이 많은 하나님,

_{대하 25:15} 여호와의 분노가 아마샤를 향해 타올라서 그에게 예언자를 보냈는데, 그 예언자가 그에게 "당신의 손에서 여러 백성들을 건져 내지 못한 신들을 당신은 왜 찾습니까?"라고 말했다.

위의 두 구절에서 "더디 분노하고"와 "분노가 타올라서"에 해당하는 히브리어를 직역하면 각각 '코가 길고'와 '코가 타올라서'가 된다. 이처럼 코를 분노로 번역한 것은 그 단어가 신인동형법으로 사용될 때에 '코를 통해 분출되는 분노의 콧김'을 뜻하기 때문이다.

신인동형법에서 가장 흥미로운 것은 날개다. 사람에게는 날개가 없으니 그것을 신인동형법으로 볼 수 없을 것 같지만, '날개를 단 인간의 모습'으로 이해를 하면 될 것이다.

날개가 언급된 김에 성경에서 날개를 단 영적 존재를 찾아보면, '그룹'과 '스랍'으로 불리는 천사들이 나온다. 그런데 일반 천사들은 사람과 다름없는 모습으로 나타난다. 그래서 사람들이 천사를 만나고서도 천사인 줄 알지 못하고 나중에 깨닫곤 한다 _(창 22:24-30; 삿 6:22; 13:9). 물론, 그림에서는 천사가 대부분 날개를 단 모습으로 나타난다. 그러나 그것은 새가 하늘과 땅 사이를 자유롭게 움직이듯이, 천사가 하늘과 땅 사이, 또는 영적 차원과 물리적 공간 사이를 자유롭게 이동하는 존재임을 표시하는 것이다.

그러면 하나님의 날개도 이동의 자유를 뜻할까? 아래 본문에서 날개의 기능은 새끼들을 덮어 보호하는 것에 집중되어 있다. 말하자면, 하나님의 날개는 하나님이 자기 백성을 보호하신다는 의미이다.

> 시 17:8 나를 눈동자처럼 지키시며,
>
> 당신의 날개 그늘 아래에 감추어 주십시오.
>
> 9 나를 억압하는 악인들로부터,
>
> 나를 에워싸 목숨을 노리는 적들로부터.

> 시 36:7 하나님, 당신의 변함없는 사랑이 얼마나 귀한지요!
>
> 사람들이 당신의 날개 그늘 아래에 피합니다.
>
> 8 그들은 당신의 집의 기름진 것으로 만족하고,
>
> 당신은 그들로 하여금 당신의 즐거움의 강물을 마시게 하십니다.

룻이 나오미와 함께한 것은 도움받기 위해서가 아니라 사랑해서였다. 그리고 사랑을 따라 선택한 길이 도움은커녕 고생으로 이어질 것도 알고 있었다. 그런 그녀의 선택을 보아스는 하나님의 날개 그늘 아래에 피한 것으로, 다시 말해 하나님의 사랑을 피난처로 삼은 것으로 보았다. 또한 그런 선택에는 반드시 하나님의 보호와 보상이 따름을 알고 있었다. 그래서 그는 자신이 바로 그 보상의 통로가 되고자 했다.

계속되는 호의

보아스는 룻에게 계속 호의를 베풀었다. 그는 추수꾼들과 함께 식사를 하면서, 그 자리에 그녀를 초대했다. 그리고 그녀에게 음식을 후히 주어서 배불리 먹게 했다. 그녀를 그저 허드렛일을 하러 온 불청객으로 취급하지 않고 자기 식솔처럼 대한다는 뜻이었다.

보아스의 호의는 식사 후에도 계속됐다. 식사 후에 작업이 재개되자 그는 일부러 그녀 앞에 이삭을 버려 주게 했으며, 뿐만 아니라 주울 때 "꾸짖지 말라"고 했다. 원하는 대로 이삭을 줍게 한 것이다.

첫 만남이 더없이 좋았다. 우연처럼 보인 룻의 발걸음은 무의미한 것이 아니었다. 그렇다면 이제 시작된 둘의 만남이 의미 있게 지속될 것인가? 보아스는 과연 룻을 위한 하나님의 날개가 되어 춥고 어두운 날을 보내는 그녀를 따뜻하게 덮어 줄 것인가?

8. 유산 무를 자

2:17 그녀가 밭에서 저녁까지 줍고, 그 주운 것을 떠니 보리 한 에바쯤 되었다. 18 그녀는 그것을 들고서 도시에 들어갔는데, 그녀의 시어머니가 그 주운 것을 보았다. 그녀는 만족하게 먹고 남긴 것을 꺼내어 그녀에게 주었다. 19 그러자 그녀의 시어머니가 그녀에게 "오늘 어떤 데서 주웠으며, 어디서 일했느냐? 너를 주목한 자가 복 받기를 바란다"라고 말했다. 그녀는 누구와 함께 일했는지를 시어머니에게 알리며, "오늘 제가 함께 일한 사람의 이름은 보아스입니다"라고 말했다. 20 나오미가 자기 며느리에게 "그가 여호와께 복 받기를 바란다. 그의 변함없는 사랑이 살아 있는 자와 죽은 자를 버리지 않는구나"라고 말했다. 또한 나오미는 그녀에게 "그 사람은 우리와 가까운 친척으로서 우리 유산 무를 자 중의 한 사람이다"라고 말했다. 21 모압 여자 룻은 "또한 그가 '내 하인들이 내 모든 추수를 마치기까지 그들 가까이에 있으라'고 제

게 말했습니다"라고 말했다. 22 그러자 나오미는 자기 며느리 룻에게 "내 딸아, 너는 아무도 다른 밭에서 너와 마주치지 않도록, 그의 하녀들과 함께 나가는 것이 좋겠다"라고 말했다. 23 그래서 그녀는 보리 추수와 밀 추수가 끝나기까지 보아스의 하녀들 가까이에 있어서 이삭을 주우며, 자기 시어머니와 함께 거주했다.

보리 한 에바

룻은 보아스의 호의 속에서 아무런 염려 없이 이삭을 주웠다. 하루 일과가 끝날 때 이삭을 모두 떨어서 곡식만 모아 보니 한 에바쯤 됐다. 한 에바가 어느 정도 되는지 정확히 알기는 어려울 것 같다. 22리터라는 설명이 자주 보이기는 하지만 그것은 추정일 뿐이고, 연구 결과를 보면 그 편차가 10리터 이상이나 된다. 성경을 연구하다 보면 이처럼 확실하게 해결되지 않는 문제에 부딪힐 때가 있다. 그런데 일반 역사 자료에도 똑같은 문제가 일어난다.

물론 과거의 문헌이나 유적 중에는 일상의 세밀한 부분까지 알 수 있는 근거가 되는 것이 상당히 많다. 예를 들어, 19세기 말에 이집트의 고대 도시 옥시링쿠스에서 발견된 문서를 보면 재산 목록, 물품 주문서, 영수증, 편지 등이 나온다. 그 중에서 2세기에 작성된 한 편지(옥시링쿠스 파피루스 110)에는 만찬 초대문이 있는데, 만찬 시간은 "내일 15일 9시"이고 장소는 "세라피스 신전"으로 되어 있다.[10] 이 초대문은 신약시대 고린도교회에서 일어난 우상제물 논쟁, 특히 신자가 신전에서 열리는 행사에 참석하여 거기에 나온 고기를 먹어야 하느냐는 논란의 배경을 이해하는 데 좋은 자료가 된다.[11]

그러나 고대로 갈수록 증거물이 부족하거나 아예 없는 경우가 많다. 증거물이 존재하기는 하지만 발굴되지 않는 경우도 있다. 우리나라의 예를 들자면, 2009년에 익산 미륵사지 석탑을 보수하던 중 한 문서가 발견되어 국사학계에 큰 파문을 일으켰다. 미륵사지의 창건자에 대한 역사적 기록이 처음 발견되었기 때문이다.[12] 이 문서가 발견되기 전에는 백제 무왕과 신라 선화공주의 결혼을 내용으로 하는 서동요 설화에 근거해서 선화공주를 창건자로 추정하고 있었다. 그러나 그 문서에는 무왕의 왕비가 백제 귀족의 딸이라고 되어 있어서, 무왕과 미륵사지에 관련된 역사를 다시 써야 했다. 말하자면, 문서가 존재했음에도 발견되지 않았기 때문에, 우리는 오랫동안 우리나라 역사의 한 부분을 제대로 모르고 지냈다.

다시 에바를 생각해 보자면, 그 정확한 양은 알 수 없다. 그러나 궁금증을 접어 두고 본문을 관찰하면 다음과 같은 점을 깨닫게 된다. 우선, 그 정도의 양을 줍도록 허용한 밭 주인을 나오미가 축복한 것을 보면, 그것은 하루분보다 훨씬 많은 양이었다. 다음, 그 때문에 나오미는 그렇게 많은 양을 줍도록 허용한 사람이 보아스라는 것을 알게 됐다.

따라서 위 본문을 읽을 때 중요하게 여길 점은 한 에바의 정확한 양이 아니라 한 에바 때문에 나오미가 룻과 보아스의 만남에 주목했다는 점이다. 이 점을 놓치지 않는다면 독자인 우리는 등장인물인 나오미와 함께, 그 만남을 통해 무언가 좋은 일이 일어날 수도 있겠다는 기대를 가지고 룻과 보아스의 만남을 지켜볼 수 있을 것이다.

다시, 헤세드

모압을 떠나기 전, 나오미는 오르바와 룻이 자신을 변함없는 사랑으로 대했다는 것을 기억하며, 하나님께서도 그렇게 그들을 대해 주시기를 기원했었다. 이제 그녀는 그와 같은 사랑이 보아스에게도 있다는 것을 알게 됐다.

그런데 룻의 헤세드와 보아스의 헤세드가 같을 수 있을까? 달리 말하자면, 나오미를 향한 룻의 마음과 룻을 향한 보아스의 마음이 같을 수 있을까? 룻과 나오미는 오랫동안 한 집에서 함께 살아 온 사이이고, 보아스와 룻은 가까운 친척이기는 하지만 이제 처음 만난 사이 아닌가.

성경이 말하는 사랑은 애정과 다르다. 애정은 감정의 차원에서 일어나기 때문에 한순간 일어났다가 바로 가라앉기도 하지만, 이와 달리 성경에 나오는 헤세드는 언약 관계를 변함없이 지킨다는 함의를 띤다. 따라서 나오미가 룻에게 보아스의 헤세드를 언급한 것은, 그가 변덕 없이 성실하게 주위 사람들을 대하며 돌보는 사람임을 말해 준 것이다.

나오미와 룻은 모압에서 모든 것을 잃었다. 그러나 그들은 어떤 상황에도 변함없는 사랑을 품고서 함께 그 춥고 어둡던 시절을 통과했다. 베들레헴에 와서도 현실의 칼바람은 여전했다. 그러던 중에 그들은 보아스의 사랑을 만나게 됐는데, 이제 이 사랑에 힘입어 고된 삶에서 벗어날 수 있을까?

유산 무르기

나오미는 보아스가 가까운 친척으로서 자기 가족의 '유산 무를 자'임을 알고 있었다. '유산 무르기'는 레위기 25장에 나오는 토지법을 배경으로 한다. 이제 그 법이 무엇인지, 그리고 토지법과 유산 무르기가 어떤 배경 속에서 어떻게 연결되어 있는지를 차근차근 살펴보겠다.

고대 이스라엘에는 안식에 대한 제도가 있었다. 7일째 되는 날을 안식일로 정해서 하루 동안 노동을 멈추어 사람을 쉬게 했고, 나아가 7년째 되는 해를 안식년으로 정해서 한 해 동안 농경을 멈추어 땅을 쉬게 했다. 이 안식년이 일곱 번 지난 다음의 해, 즉 50년째 해가 희년이다. 이 해에는 가난 때문에 땅을 판 사람이 자기 땅을 되찾는다(13절).

희년에 땅을 되찾을 수 있는 까닭은 다음과 같다. 우선, 땅의 궁극적인 소유권은 땅을 창조하신 하나님께 있다(23절). 땅 소유자는 경작권을 가진 청지기인 셈이다. 그렇기 때문에 땅을 판다는 것은 다른 사람에게 그 소유권을 넘긴다는 뜻이 아니라 다음 희년까지 경작권을 넘긴다는 뜻이다. 그리고 땅의 매매가는 그 땅에서 한 해 동안 나는 농작물의 총액에 희년까지 남은 햇수를 곱해서 얻는 금액이 된다(15-16절).

그런데 희년이 되기 전에 땅을 되찾는 방법도 있다. 그 땅의 한 해 생산물 총액에 다음 희년까지 남은 햇수를 곱한 금액을 지불하면 되찾을 수 있다(26-27절). 만일 땅을 판 사람이 그 땅을 되찾지 못하고 오히려 더 심한 빈곤에 빠질 때, 그를 대신해서 가장 가까운 친척이 땅값을 대신 물어 주도록 했는데, 그렇게 하는 사람을 "유산 무를 자"(25절)라고 불렀다. 한글 성경에는 "기업 무를 자"로 되어 있다.

토지법은 구약 시대의 헌법이라고 할 레위기에 제사법과 함께 실릴 만큼 중요했다. 제사법이 하나님과의 언약 유지에 필수적이었다면, 토지법은 그 언약 속에서 살아가는 사람들의 생존을 보장하는 것이었다. 이 법의 중요성을 보여주는 한 사건이 열왕기상 21장에 나온다.

이 사건은 아합 왕이 나봇의 포도원에 눈독을 들이면서 시작됐다. 그는 나봇에게 좋은 조건을 제시하며 그 포도원을 팔라고 했지만, 나봇은 "내가 내 조상의 유산을 당신에게 주는 것을 여호와께서 금하실 것입니다"(3절)라면서 거절했다. 그러자 아합

은 왕비의 계략으로 나봇에게 누명을 씌워 처형한 후에 그 포도
원을 몰수했다. 이 사건 후 하나님은 엘리야를 보내어 아합에게
무서운 형벌을 선언하셨다. 그가 우상숭배로 제사 제도를 훼손
했을 뿐 아니라 탐욕으로 토지법마저 어겨, 이스라엘에 가장 중
요한 두 제도를 모두 무너뜨렸기 때문이다.

그런데 그토록 중요한 유산 무르기가 룻에게 적용되는 데
에는 큰 난관이 있었다. 누군가가 유산 무르기를 해주어도 땅을
상속할 남자가 없어 땅을 되찾을 수 없었기 때문이다. 이런 문제
를 해결하는 방법이 수혼 제도다. 이 책 4장에서 설명했듯, 수혼
제도란 어떤 여자가 남편과 사별했는데 대를 이를 아들이 없을
경우, 죽은 남편과 혈통상 가장 가까운 사람인 그의 형제가 그녀
와 결혼해서 아들을 낳아 상속을 하는 제도였다. 그러나 룻에게
는 그렇게 해줄 수 있는 사람이 없었다. 남편에게 하나밖에 없는
형제마저 죽었으니 말이다. 그렇지만 룻기는 그런 경우에도 방
법이 있다는 것을 보여준다. 바로 형제 대신 가까운 친척이 그녀
와 결혼할 수 있었던 것이다. 신명기의 한 규정과 창세기의 한
예가 그 점을 뒷받침한다.

우선, 신명기에는 다음처럼 수혼에 대한 흥미로운 규정이
나온다.

신 25:9 그의 형제의 아내가 장로들 보는 데서 그에게 다가가서 그
의 발에서 신발을 벗기고 그의 얼굴에 침을 뱉으며, "그의 형제의

집을 세우지 않는 자에게는 이렇게 할 것이다"라고 응답하여 말할 것이다. [10] 그의 이름이 이스라엘에서 신발 벗겨진 자의 집이라고 불릴 것이다.

이 구절을 보면, 수혼을 통한 유산 무르기를 거부할 경우 법적인 제재는 없고, 공개적인 모욕만 주도록 했다는 것을 알게 된다. 말하자면, 심각한 모욕이기는 했지만 그것을 감수하고라도 거부할 가능성이 있었다는 뜻이다. 따라서 형제가 수혼을 통한 유산 무르기를 거부하는 경우에는, 그 책임이 형제 다음으로 가까운 친척에게 넘어갈 수밖에 없었다.

그런 경우에 해당하는 예가 창세기 38장의 다말 일화에 보인다. 다말의 남편이 아들 없이 죽자, 그의 동생이 다말과 수혼을 했지만 임신은 못하게 했다. 그녀가 아들을 낳으면 죽은 형의 유산이 자기 것이 못 된다는 것을 알았기 때문이다. 그런데 그 사람마저 죽자, 다말의 유산 무르기는 결국 혈통상 형제 다음으로 가까운 사람을 통해 이루어졌다.

대속자, 고엘

이상에서 보았듯, 구약 시대 토지법은 제사 제도와 함께 가장 중요한 제도였다. 그런 토지법의 중심에 있는 유산 무르기는 하나님의 헤세드를 가장 잘 드러내는 통로라는 점에서 더욱 중요하다. 이 제도는 나중에 대속 개념으로 발전한다. 그 예로, 아래 구절에서는 '유산 무르다'를 가리키는 동사 가알(ga'al)과 '유산 무를 자'를 뜻하는 명사 고엘(go'el)이 각각 '대속하다'와 '대속자'로 번역되어 있다.

> 사 44:22 내가 구름같이 너의 범죄를, 안개같이 너의 죄를 지워 버렸으니, 나에게 돌아오라. 내가 너를 대속했기 때문이다.

> 욥 19:25 내가 알기에는 나의 대속자가 살아 계셔서 마지막에 땅 위에 서실 것이다.

위의 두 구절에서 '대속'의 의미는, 땅값을 지불할 힘이 없는 사람 대신 지불해 그 사람으로 하여금 땅을 되찾게 한다는 원래의 뜻을 근거로, 죗값을 지불할 능력이 없는 사람 대신 지불해 그 사람으로 하여금 원래의 지위를 되찾게 한다는 것이다. 그렇기 때문에 이 단어는 궁극적으로 대속자 하나님을 가리키며, 예수 그리스도에 의해 이루어진 속죄를 이해하는 데 중요한 근거가 된다.

동행의 첫 열매

나오미와 룻은 여러 면에서 달랐다. 한 사람은 이스라엘 여자였고 다른 사람은 이스라엘의 원수인 모압 출신 여자였으며, 한 사람은 모든 것을 잃은 노인이었고 다른 사람은 재기의 가능성이 있는 젊은 여자였다. 무엇이 이런 차이점을 극복하게 만들었을까? 무엇이 어울리지 않아 보이는 두 사람의 동행을 가능하게 했을까? 이미 언급했듯이, 이방인 며느리와 가난한 시어머니가 험한 길을 함께 가는 것은 의무감만으로 되지 않는다. 두 사람 다 남편을 잃은 처지에서 연민의 정을 공유했기 때문에 그럴 수 있었을까? 한동안은 그럴 수 있겠지만, 동행이 지속되려면 그 이상의 무엇이 필요하다.

룻기를 읽으면 그것이 바로 사랑임을 알게 된다. 그런데 룻기는 사랑의 의미를 설명하기보다 나오미와 룻의 동행을 통해 사랑이 그들의 삶에서 어떤 모습으로 드러나는지를 보여준다. 마치 고린도전서 13장이 사랑의 정의를 제시하기보다 우리가 사랑하면 어떤 일이 일어나는지 보여주듯이, 그리고 그것을 통해 우리의 삶에 사랑이 흐르고 있는지 돌아보게 하듯이 말이다.

사랑으로 시작된 두 사람의 동행이 첫 열매를 얻었다. 이삭 줍기를 통해 추수의 수혜자가 된 것이다. 그것이 소박하기는 했어도 가난한 두 사람에게는 큰 기쁨과 희망이었다. 이것이 동행의 첫 열매였다면, 그 끝에는 무엇이 그들을 기다리고 있었을까?

9. 한밤중의 부탁

3:1 그녀의 시어머니 나오미가 그녀에게 말했다. "내 딸아, 내가 너를 위해 안식을 찾아서 네가 잘되도록 해야 하지 않겠느냐? 2 네가 함께한 하녀들을 둔 보아스는 이제 우리 친척이지 않은가? 보라, 그가 오늘 밤 타작마당에서 보리를 까부른다. 3 그러니 몸을 씻고 기름을 바르고 외투를 입고 타작마당에 내려가라. 그런데 그 사람이 먹고 마시기를 마치기까지는 그에게 너를 알리지 말라. 4 그가 누울 때에 그가 눕는 곳을 알아 두고서, 가서 그의 발치를 벗기고 누우라. 그러면 네가 무엇을 해야 할지를 그가 너에게 밝혀 줄 것이다." 5 그녀는 나오미에게 "당신이 저에게 말씀하신 대로 제가 다 하겠습니다"라고 말했다.

6 그녀는 타작마당으로 내려가서 시어머니가 자기에게 지시한 대로 다 했다. 7 보아스가 먹고 마시니 마음이 즐거웠다. 그는 곡식 더미 끝에 누우러 갔다. 그러자 그녀가 몰래 가서 그의 발

치를 벗기고 누웠다. 8 한밤중이 되어 그 남자가 놀라서 몸을 돌리니, 보라, 한 여자가 그의 발치에 누워 있었다. 9 그가 "당신은 누구요?"라고 말하자, 그녀는 "저는 당신의 하녀 룻입니다. 당신의 날개를 당신의 하녀 위에 펴주십시오. 당신은 유산 무를 자니까요"라고 말했다. 10 그러자 그가 말했다. "내 딸이여, 그대가 여호와께 복을 받기를 바라오. 그대가 가난하든 부유하든 젊은이를 따라가지 않았으니, 처음보다 마지막에 더 나은 사랑을 베풀었소. 11 내 딸이여, 이제 두려워하지 마시오. 그대가 말한 모든 것을 내가 그대를 위해 하겠소. 그대가 훌륭한 여자라는 것을 내 백성의 온 성문이 알고 있으니 말이오. 12 이제 내가 유산 무를 자인 것은 사실이지만, 나보다 더 가까운 유산 무를 자가 있소. 13 이 밤은 여기서 머무시오. 아침에 그가 그대의 유산을 무른다면 좋소. 그가 무르게 하지요. 그러나 그가 그대의 유산 무르기를 기뻐하지 않는다면, 여호와께서 살아 계시는 한, 내가 그대의 유산을 무를 것이오. 아침까지 누워 있으시오."

노인과 젊은이

"나이는 숫자에 불과하다"는 말이 있다. 나이 든 사람을 격려하는 말인 것은 알지만, 현실을 보면 과연 그럴까?

나이가 말해 주는 것이 있다. "젊은이들의 영광은 그들의 힘이고, 노인들의 영예는 백발"(잠 20:29)이라 하듯이, 젊은이다움과 노인다움은 다르다. 힘이 젊은이의 것이라면, 백발, 즉 연륜이 주는 지혜는 노인의 것이다. 실제적인 차원에서 생각해 본다면, 나이가 들면 힘은 줄어들지만 지혜는 는다. 시력은 쇠퇴하지만, 사물을 보는 관점은 예리해진다. 음식을 씹고 소화하는 힘은 약해지지만, 사건의 의미를 곱씹는 힘은 강해진다. 걷거나 계단을 오르내릴 힘은 줄어들지만, 인생행로를 찾아가는 능력은 커진다. 그렇기 때문에 모든 사회와 모든 공동체에는 청년과 노인이 모두 필요하다. 힘만 있으면 그 힘을 바르게 쓰지 못하고, 지혜만 있으면 그 지혜를 실현시킬 수 없기 때문이다.

그런 점에서 룻기는 좋은 본보기를 보여준다. 나오미의 지혜로운 조언과 그 조언을 따른 룻의 활동의 결과로 두 사람이 되살아났으니 말이다. 그런데 이 두 사람의 협력, 다시 말해 지혜로운 노인과 활동력 있는 젊은이의 협력을 가능하게 한 것이 둘 사이의 사랑이었다. 나오미는 룻을 사랑해서 조언을 하고, 룻은 나오미를 사랑해서 그 조언에 귀를 기울였기 때문에, 두 사람 모두에게 좋은 일이 일어난 것이다.

신혼 초에 아침에 집을 나서려 하면, 아내가 일기예보를 확인하고서 우산 가지고 가라고 말할 때가 있었다. 나는 괜찮다며 나갔다가 비를 맞고 다니곤 했다. 장갑 끼고 가라고 해도 그냥 나갔다가 꽁꽁 언 손으로 다니기도 했다. 몇 번 그런 일을 겪고 나서야 아내의 말에 귀를 기울이기 시작했다. 물론 아내의 예언(?)이 매번 들어맞지는 않았다. 그렇다고 손해 볼 것도 없었다. 어쨌든 그런 과정을 통해 깨달은 것은, 나를 향한 사랑과 내 인생에 대한 책임감을 가지고 나를 대하는 사람의 말에 귀를 기울여야 한다는 것이다.

우리 주위에는 귀를 솔깃하게 하는, 마음을 열어젖히는 말주변을 가진 사람들이 많다. 가까운 친구일 수도 있고, 멀리 있는 인기인이나 유튜버일 수도 있다. 그런데 그 말이 아무리 옳아 보여도, 그들은 우리의 인생을 책임지지 않는다. 아니, 그들의 말을 따랐다가 큰 피해를 입어도 보상해 주지 않는다. 그러니 그런 사람들의 말을 무턱대고 따르지 말아야 한다. 참된 지혜는 책임감을 동반한 사랑을 통해 전달된다는 것을 기억해야 한다.

당혹스러운 조언

룻기 2장 끝과 3장 처음에 공통적으로 나오미의 조언이 나온다. 2장의 조언은 보아스의 밭을 떠나지 말라는 것이었다. 그런데 그 이유나 목적이 분명하지 않다. 보아스가 배려심 많은 밭주인이니 이삭을 많이 주울 수 있어서? 아니면 가까운 친척으로서 유산 무르기를 해줄 수 있는 사람이기 때문에? 둘 다였을 수도 있다.

반면에 3장의 조언에서는 그 목적이 말의 표면에 분명히 나타난다. 우선, 나오미는 보아스를 "친척"으로 표현했다. 유산 무르기를 할 수 있는 사람으로 지목한 것이다. 다음, 나오미는 룻

에게 그에게 가서 유산 무르기를 부탁하라고 조언했다. 룻으로
하여금 "안식", 즉 안정된 삶을 찾게 하기 위해서였다.

조언의 목적은 더할 나위 없이 좋다. 룻의 앞날을 위한 것
이니 말이다. 그런데 당혹스러운 내용이 있다. 우선, 왜 나오미
자신이 만남을 주선하지 않고 당사자더러 직접, 더구나 밤에 가
서 부탁하라고 하는가? 다음, 보아스가 자는 곳에 가서 "그의 발
치를 벗기고 누우라"고 하는데, 이건 무슨 뜻인가?

유혹인가

사실 이 부분은 룻기에서 가장 논란이 되는 곳이다. 그렇
기 때문에 여기서 관련 문제점에 대해 충분히 설명하려고 한다.
논란이 많은 만큼 문제점을 분명히 짚기 위해서, 그리고 추론의
과정을 차근차근 밟음으로써 문제를 확실히 해결하기 위해서이
다.[13]

1. 해석의 시각에 대해. 본문을 제대로 해석하려면 무엇보
다 해석의 시각을 제대로 잡는 것이 중요하다. 그런 점에서 이 장
에 나오는 나오미의 조언과 그 조언을 따른 룻의 행동을 유혹으
로 보는 견해가 있다는 것을 밝혀 둔다. 단장을 하고("몸을 씻고 기름
을 바르고 외투를 입고") 밤에 몰래 보아스를 찾아가 그가 누운 곳에 같
이 누운 것을 보면 그렇게 의심할 만도 하다. 그러나 본문을 자세

히 살펴보면 그런 행동이 유혹과 상관없음을 알게 된다.

우선, "몸을 씻고 기름을 바르고 외투를 입고"라는 문구에 주목하고서 구약 전체를 탐색하면, 다음과 같이 구약의 다른 곳에서 동일한 문구를 보게 된다.

> 삼하 12:20 다윗이 땅에서 일어나서 몸을 씻고 기름을 바르고 외투를 입고, 여호와의 집에 들어가 경배했다.

다윗은 금식을 마친 다음에 하나님께 경배하기 위해 몸을 씻고 기름을 바르고 외투를 입었다. 이런 행동은 중요한 일을 위해 몸과 복장을 정결하게 하는 것이어서, 오히려 유혹과 반대되는 의미를 띤다. 말하자면, 룻의 단장은 중요한 일을 위해 당연히 해야 할 준비였다.

다음, 보아스는 룻의 행동을 유혹으로 보지 않았다. 물론 한밤중에 여자가 남자를 찾아오는 것은 오해를 불러일으킬 수 있는 일이었다. 그러나 그는 룻이 "훌륭한 여자", 즉 미덕 있는 여자라는 것을 알고 있었다. 뿐만 아니라 "내 백성의 온 성문", 즉 성문을 드나드는 모든 사람들도 알고 있었다. 그래서 보아스는 그녀가 한밤에 자신을 찾아온 까닭이 다른 사람에게 알리기 어려운 중대한 문제를 간곡히 부탁하는 데 있다고 여겼다.

마지막으로, 유산 무르기에는 율법에 의해 규정된 절차가 있었고, 보아스도 미덕 있는 남자로서 그런 절차를 지킬 줄 아는 사람이었기에 유혹으로 될 일이 아니었다. 더구나 나오미의 가족에게는 보아스보다 더 가까운 친척이 있었다. 그래서 보아스는 룻을 대신해서 그녀의 문제를 책임지고 해결하겠다고 약속했고, 많은 증인들이 모인 곳에서 그 절차를 밟았다.

2. '벗기다'에 대해. 본문 해석의 시각을 조정한 후 다룰 것은 "발치를 벗기고 누우라"(4. 7절)는, 이해하기 어려운 표현이다. 한글 성경은 이 부분을 "발치 이불을 들고 누우라"로 번역했는데, 그 이유는 나중에 설명하겠다. 어쨌든 룻의 행동을 유혹으로 보는 사람들은 이 표현에 성적인 의미가 있는 것으로 간주하며, 특히 '벗기다'로 번역된 히브리어 동사 갈라(galah)가 벌거벗음과 관련된다고 주장한다. 그러나 이 단어의 실제 용례를 보면 그렇지 않다.

동사 갈라는 기본적으로 무엇인가를 덮거나 가린 것을 '제거하여' 가려진 그것을 '드러내다'라는 뜻을 띠는데, 이 뜻에서 다음과 같이 다양한 의미가 생긴다. 첫째, '드러내다'라는 뜻에 근거한 것으로는 '드러내다'(시 18:15; 겔 13:14), '드러나다'(잠 26:26; 호 7:1), '보이다'(삼상 14:8, 11), '열다'(욥 38:17 "나타났느냐"), '(귀를) 열다'(룻 4:4 "알게"), '공포하다'(에 3:14) 등이 있다. 둘째, '제거하다'라는 뜻에서 나온 것으로는 '제거하다'(잠 27:25 "벤"), '떠나다'(삼상 4:21; 호 10:5) '사로잡혀 가다'(왕하 17:23; 렘 52:27)가 있다. 마지막으로, 하나님에게 적용될 때에는 '나타나다'로 번역되면서, 하나님이 자신을 드러내거나(창 35:7; 삼상 3:21), 하나님의 성품, 활동, 말씀 등이 드러난다는 (사 56:1; 단 10:1), 계시의 의미를 띤다. 이상의 주요 용례에는 벌거벗음이라는 의미가 전혀 없다.

다만 갈라는 다음과 같은 경우에 벌거벗음과 '연결'된다. 우선, 제사장이 제단에 올라갈 때 그의 "벌거벗음이 드러나지" 않도록 하는 규정이 있다(출 20:26 "하체가 드러날까"). 그렇지만 이 경우는 성적인 의미와 무관하다. 그리고 이 경우에 노출되는 것은 동사 갈라의 주어나 목적어이고, 갈라는 그저 '드러나다'나 '드러내다'라는 의미만을 띨 뿐이다. 그러니 이 단어는 노출되는 것에 연결될 뿐 그 자체로는 벌거벗음과 무관하다. 다음, 성적인 죄나 그런 죄를 연상시키는 배교에 대한 심판의 맥락에서 "벌거벗음을 드러내다"와 같은 표현이 사용되는 경우가 있다(레 18:6-18 "하체를 범하지"; 겔 16:37 "벗은 몸을 드러내"). 그런데 이 경우는 심판받을 죄에 해당하는 것이니, 룻기 3장에 나오는 갈라의 맥락이나 함의와는 전혀 다르다. 또한 이 경우에도 노출되는 것은 동사 갈라의 주어나 목적어다. 그러니 갈라는 그저 '드러나다'나 '드러내다'라는 의미만을 띨 뿐이다. 정리하자면, 갈라가 벌거벗음과 연결되는 경우에도, 이 단어 자체에는 벌거벗음의 의미나 성적인 함의가 없다.

마지막으로, 동사 갈라가 그 자체로 벌거벗음을 가리키는 용례가 딱 하나 있다. 노아가 술에 취해 장막 안에서 "벌거벗은" 것이 그것이다(창 9:21). 그러나 이 경우에도 성적인 의미는 없고, 오히려 수치스러움이라는 함의를 가진다. 따라서 이 경우도 룻기 3장의 갈라와 같지 않다.

　룻기에 나타나는 서사의 흐름을 감안해도 같은 결론에 이른다. 룻기 전체를 보면 룻은 미덕 있는 여자로, 그리고 보아스는 미덕 있는 남자로 등장한다. 따라서 타작마당이라는 열린 공간에서, 그것도 그 공간에서 그와 함께 일하던 사람들이 어딘가에서 자고 있을 가능성이 있는데도, 미덕 있는 여자가 미덕 있는 남자에게 성적인 유혹을 시도했다고 주장하는 것은 옳지 않다.

　3. 발의 의미에 대해. 위에서 동사 갈라 자체에는 성적인 의미가 없다는 것을 확인했다. 그렇지만 아직 논란거리가 남았다. 룻기 3장의 '발치'를 '발', 즉 성기를 가리키는 완곡어법으로 보는 견해가 있기 때문이다. 그런데 그런 견해를 지지하는 용례들을 살펴보면, '발'을 포함한 표현 전체는 그런 뜻을 가질지라도 '발' 자체는 문자 그대로 발을 가리킨다. 그 예로 다음 두 구절에 보이는 '발을 가리다'를 들 수 있다.

　삿 3:24 그가 나가자, 신하들이 와서 보았는데, 보라, 다락방의 문들이 잠겨 있어서, 그들은 "왕이 분명히 서늘한 방에서 발을 가리신다"라고 말했다.

　삼상 24:3 길가의 양 우리에 오니, 거기에 굴이 있어서, 사울이 발을 가리러 들어갔다. 그런데 다윗과 그의 사람들은 그 굴 깊숙한 곳에 있었다.

위의 두 구절에서 '발을 가리다'는 앉아서 용변을 보는 행동을 가리키는 완곡한 표현으로 간주된다. 이 때문에 사무엘상 24:3의 "발을 가리러"는 한글 성경에서 "뒤를 보러"로 번역됐다. 그런데 그 표현의 정확한 뜻은 용변을 볼 때 치부를 드러내지 않도록 옷을 '발'까지 내려 '가린다'는 것이다. 따라서 이 표현에서 '발'은 치부를 가리키는 것이 아니라, 말 그대로 발을 가리킨다. 발을 포함한 표현 전체가 용변을 가리키는 완곡어법일 뿐이다. 완곡어법의 증거로 언급되는 예 중에는 이처럼 '발'이 아니라 '발을 포함한 표현' 전체가 완곡어법인 경우가 많다. 더구나 이런 경우 발을 가리지 않으면 치부가 드러나 수치거리가 된다.

또한 적절한 근거 없이 완곡어법으로 넘겨짚는 경우도 있다. 예를 들어, 이사야 6:2에는 스랍들이 "(날개) 둘로 자기의 얼굴을" 그리고 "(날개) 둘로 자기의 발을" 가렸다고 했는데, 이 구절의 '발'을 성기의 완곡어법으로 보는 사람들이 있다. 그러나 결혼하지 않는 천사에게(막 12:25) 왜 가려야 할 치부가 있겠는가. 있다고 해도, 이미 옷으로 가린 것을 왜 다시 날개로 가리겠는가. 위 구절의 의미는 옷으로 가려지지 않는 얼굴과 발을 날개로 가린다는 것이다.

정리하자면, '발'을 성기의 완곡어법으로 보고서 룻이 보아스의 치부를 드러냈다고 해석하는 것에는 다음 같은 오류가 있다. 우선, '발' 자체는 완곡어법이 아니라 문자 그대로 발을 가리킨다. 또한 '발'을 성기로 본다면, 룻이 보아스의 치부를 드러내는 수치스러운 짓을 했다는 것인데, 그것은 룻과 보아스가 미덕 있는 사람이라는 룻기의 맥락에 전혀 맞지 않는다. 마지막으로, 그것은 치부를 드러내는 것을 수치나 성범죄 및 배교와 연결시키는 구약 전체의 맥락에도 어긋난다. 신명기 25장에는 남자의 그 부위를 다른 사람의 아내가 손으로 잡으면 그 "손을 찍으라"는 규정까지 있다.

그러면 룻기 3장에서 '발'은 어떤 의미를 가질까? 구약에서 '발'은 종종 권위나 통치권을 함의한다. 그래서 누군가가 어떤 곳을 '발로 밟는다'는 것은(수 14:9) 그의 통치권을 그곳에 세운다는 것이고, 누군가의 '발아래 둔다'는 것은(왕상 5:3; 시 8:6) 그의 권위 아래에 둔다는 것이며, 누군가의 '발 앞에 엎드린다'는 것은(왕하 4:37; 에 8:3) 그의 권위에 대해 존경과 복종을 표현한다는 것이다. 이 점을 염두에 두고서 룻기 3장에 나오는 '발치를 벗기다'와 '발치에 눕다'라는 표현의 의미를 찾아보면 다음과 같은 것을 알게 된다.

우선, 룻기 3장에서 "발치"로 번역된 히브리어 명사는 일반적으로 발을 가리킬 때 사용되는 레겔(regel)이 아니라 이 단어에서 파생된 마르글롯(marglot)이다. 마르글롯은 구약에서 룻기에 네 번, 다니엘서에 한 번 나오는데, 다니엘서에서는 레겔의 동의어처럼 사용되어 '발'을 가리키지만, 룻기에서는 '발을 디딘 곳'이나 '발을 뻗은 곳'이라는 뜻에서 '발치'의 의미로 사용된다. 이

점을 감안하면, '발치를 벗기다'라는 표현은 '발 뻗은 곳을 덮은 것(옷자락이나 이불)을 벗기다'라는 뜻이 된다. 한글 성경이 그 표현을 "발치 이불을 들고"라고 번역한 것도 그 때문이다.

그러면 룻은 왜 그런 행동을 했을까? 그 이유를 정확히 알기는 어렵다. 구약의 다른 곳에 그런 용례가 보이지 않는 데다가, 문맥을 통해서도 그 이유를 확인할 수 없기 때문이다. 그런데 관련된 듯 보이는 규정이 하나 있다.

이미 언급했지만, 신명기 25:9에는 유산 무를 자가 유산 무르기를 거부할 때 그의 발에서 신발을 벗기라고 되어 있다. 그러면 룻이 보아스의 발을 드러낸 것은 유산 무르기를 거부할 경우 당할 수모를 기억하라는 것인가? 이것은 말없는 협박 같은 것인데, 미덕 있는 룻의 성품에 맞지 않는다. 더구나 그 규정은 룻기 4장에서 확인할 수 있듯이, 룻의 유산 무르기를 거절한 사람에게 적용되지 않았다. 말하자면, 그 규정은 당시에 사문화되었거나, 아니면 원래 유산 무를 자가 형제인 경우에만 적용되어, 룻의 경우에는 해당되지 않았다. 따라서 그런 식으로 보아스를 몰아붙일 필요가 없었다.

그러면 다시 질문을 던져, 룻은 왜 보아스의 발을 노출시켜야 했는가? '발 앞에'라는 관련 표현의 의미를 감안하여, 룻이 그의 발치, 즉 발 뻗은 곳을 드러내고 거기에 누움으로써 '발 앞에 엎드려' 간청한다는 의미를 표현했다고 볼 수 있을까? 아니면 보다 실제적인 차원에서 해석해서, 보아스의 발을 찬 공기에 노출시켜 한밤에 스스로 깨어나게 한 것으로 볼 수 있을까?[14] 또는 두 해석을 합쳐서, 룻이 그의 발치를 덮은 이불을 벗겨 발을 드러낸 다음, 마치 발 앞에 엎드려 간청하는 듯한 마음을 표현하면서, 보아스가 깨어나기를 기다렸다고 볼 수 있을까? 가능한 해석이다.

  4. 밤에 찾아간 것에 대해. 우선, 지금까지의 결론을 정리하겠다. 첫째, 룻이 보아스를 찾아간 까닭은 유산 무르기를 부탁하기 위해서였다. 둘째, 밤에 찾아간 것은 남모르게 부탁하기 위해서였다.

  그렇다면 룻은 왜 낮에 공개적으로 찾아가서 부탁하지 않았을까? 밤에 찾아가면 오해가 생길 수도 있는데 말이다. 룻기 4장에 나오듯이 유산 무르기가 그 도시의 지도자들인 장로들의 입회 속에서 공개적인 절차를 밟아야 할 일이었다면, 아예 그들에게 도움을 요청했어도 되지 않았을까?

  이상의 질문에 대한 답은 뒤로 미루려고 한다. 룻기 4장에서 유산 무르기 과정을 통해 그 이유를 확인할 수 있을 테니, 그때에 답을 찾도록 하겠다.

구약의 성 윤리

  룻의 행동을 유혹으로 보는 견해의 배경에는 구약의 성 윤리에 대한 잘못된 생각이 깔려 있다. 구약 시대에는 수혼처럼 오늘날 이해하기 어려운 제도가 허용됐으니 성 윤리가 지금과 달리 상당히 느슨했으리라는 생각 말이다.

그러나 실상은 그 반대였다. 매춘과 근친상간은 물론, 혼외 불륜까지도 금지했으며, 그것을 어길 때 받는 처벌도 무거웠다. 이처럼 엄격한 성 윤리를 가진 사회에서 수혼이라는 이상한 제도가 허용된 이유는 이미 두어 차례에 걸쳐 설명했다. 다시 언급하자면, 하나님과 이스라엘 사이에 맺어진 언약에는 삶의 자리인 땅에 대한 약속이 있는데, 수혼은 어떤 상황 속에서든 그 약속을 실현하려는 것이었다. 구체적으로 말하자면, 아들 없이 남편을 잃어 유산 상속이 끊기면서 생존마저 위협받게 된 여자로 하여금 후손을 얻게 하여 하나님의 약속을 잇게 하려는 것이었다. 따라서 엄격한 성 윤리 속에서도 그 제도는 예외적인 것으로 인정되었다. 수혼이 허용되었다고 해서 구약 시대의 성 윤리가 상당히 느슨했을 것이라고 추정하는 것은 언약을 기반으로 한 구약의 법체계를 제대로 이해하지 못한 결과다.

그리고 룻기는 사사 시대라는, 법과 윤리의 붕괴 속에서 사람들이 바른 가치를 잃어가던 시기에 '미덕 있는 여자' 룻이 '미덕 있는 남자' 보아스를 통해 회생하는 과정을 서술하고 있다. 그 과정에서 보아스는 다른 사람들과 달리 법의 정신을 이해하고 그 절차를 존중하는 사람으로 나타난다. 룻기의 줄거리에는 바로 그런 사람을 통해 하나님의 사랑이 구현된다는 메시지가 크게 울리고 있다. 달리 말하자면, 룻기에서 독자는 법과 사랑이 만나면 어떤 일이 일어나게 되는지 보게 된다. 그러나 룻기 3장을 성적 유혹의 관점에서 읽는 것은 바로 그 메시지를 제대로 못 듣게 만든다.

더 나은 사랑

이상에서 '발치를 벗기다'라는 낯선 표현의 의미를 파악했다. 그런데 이어서 보아스가 룻을 "내 딸"이라고 부른 것도 이상하게 들린다. 아버지와 딸 사이가 아닌데도 말이다.

사실 이 표현은 2장에서도 나왔었다. 나오미가 룻을 부를 때 "내 딸아"라고 하지 않았는가. 이것을 보고 독자는 당시 시어머니가 며느리를 '내 딸'이라고 부르는 풍습이 있었거나, 아니면 나오미가 그녀를 딸처럼 여겨 그렇게 불렀다고 추측했을 것이다.

그러나 보아스도 룻을 '딸'이라고 부른 것을 보면, 연장자가 연하의 여자를, 또는 손윗사람이 손아래 여자를 부를 때에도 이 표현이 사용되었음이 분명하다. 이와 비슷한 경우가 신약의 복음서에도 보이는데, 12년 동안 혈루증을 앓은 여자가 예수의 옷자락을 만졌을 때 예수가 그녀를 "딸아"라고 부르신 것이다.

보아스는 룻보다 나이가 꽤 많았던 것 같다. 이 점은 그가 룻에게 "젊은이를 따라가지 않았다"고 말한 것을 보면 알 수 있다. 젊은이를 따라가지 않고 나이 많은 자신을 택했다는 뜻이니 말이다. 그러면 왜 룻은 젊은 사람과 재혼하려 하지 않고 나이 많은 보아스를 찾아갔을까? 그것은 이미 알고 있는 대로, 유산 무르기를 위해서였다. 그것을 안 보아스는 그녀가 "처음보다 마지막에 더 나은 사랑을 베풀었다"고 말했다.

보아스가 말한 룻의 사랑은 언뜻 보면 보아스를 향한 사랑 같다. 보아스와 그녀의 대화 속에서 나온 말이니 말이다. 그런데 여기서 '사랑'으로 번역된 단어는 헤세드다. 그렇다면 그때까지 둘 사이에서 헤세드를 베푼 사람은 룻이 아니라 보아스이며, 룻이 헤세드를 베푼 사람은 나오미다. 따라서 보아스가 말한 룻의 "처음" 사랑은, 룻이 나오미를 사랑해서 그녀를 따라 이스라엘까지 온 것을 가리킨다. 그리고 "마지막에" 베푼 "더 나은" 사랑이란, 자기 나이에 맞는 젊은이를 찾아 재혼할 수도 있었지만, 그렇게 하면 유산 무르기가 되지 않아 나오미가 불행한 삶에서 벗어날 수 없었기 때문에, 그것을 포기하고 나오미와 함께 일어나기 위해 나이 든 친척 보아스를 찾아온 것을 의미한다. 가난에서 벗어나기 위해 나이 많은 부자에게 가지 않았겠냐고 생각할 사람이 있을지 모르지만, 룻이 그런 식으로 살지 않는 '미덕 있는 여자'라는 것을 잊지 말자.

보아스의 날개

롯기 4장으로 넘어가기 전에 마지막으로 다룰 것이 있는데, 그것은 "당신의 날개를 당신의 하녀 위에 펴"(3:9) 달라는 룻의 부탁이다. 이 구절에서 날개(*kanap*)는 옷자락이나 이불을 가리킨다고 볼 수도 있다. 그러나 이 단어가 룻기 2장에 나온 같은 단어의 의미를 이어받기 때문에, 일관성을 위해 문자 그대로 '날개'라고 옮기고서 '보호'로 이해하는 것이 훨씬 낫다.

이미 말했지만, 보아스는 룻이 가난한 나오미를 따라 이스라엘에 온 것을 하나님의 날개 아래에 피한 것, 곧 하나님께 보호받으러 온 것으로 보고서 그녀를 환대해 주었었다. 이제는 룻이 보아스에게 바로 그 보호의 날개가 되어 달라고 간청했다. 유산 무르기를 통해서 말이다.

보아스는 그 간청을 들어주고자 했다. 그러나 나오미의 가족에게는 보아스보다 더 가까운 친척이 있었다. 다시 말해, 유산 무르기 책임에서 보아스보다 더 우선순위가 높은 사람이 있었다. 보아스는 먼저 그 사람에게 부탁하겠다고 말하면서, 그가 거부할 경우에는 자신이 그 책임을 이행하겠다고 약속했다. "여호와께서 살아 계시는 한"이라는, 무슨 일이 있어도 반드시 약속을 지키겠다는 다짐의 표현과 함께 말이다.

이제 룻의 앞날에 푸른 신호등이 커졌다. 보아스가 그 약속을 지켜 준다면, 룻과 나오미는 저주받은 것 같은 삶에서 벗어날 것이 분명했다. 그러면 룻과 보아스의 관계는 어떻게 될 것인가? 보아스의 날개는 룻을 유산 무를 자에게 연결해 주는 데까지만 펴질 것인가, 아니면 유산 무르기를 통해 그녀의 삶 전체를 덮어 줄 것인가?

10. 기다림의 시간

3:14 그녀는 아침까지 그의 발치에 누웠다가, 사람이 서로 알아보기 전에 일어났다. 그는 "여자가 타작마당에 왔다는 것이 알려져서는 안 되오"라고 말했다. 15 그리고 그가 "그대가 걸친 외투를 가져와서 잡으시오"라고 말하자, 그녀가 그것을 잡았다. 그는 보리를 여섯 번 되어 그 외투에 담아 주고서 도시로 갔다. 16 그녀가 시어머니에게 가니, 시어머니가 "내 딸아, 어떻게 되었느냐?"라고 말했다. 그녀는 그 남자가 그녀에게 한 모든 것을 알려 주면서, 17 "그가 저에게 보리를 이렇게 여섯 번 되어 주었습니다. '빈손으로 그대의 시어머니에게 가지 마시오'라고 말하면서요"라고 말했다. 18 그러자 나오미는 "내 딸아, 일이 어떻게 되는지를 알 때까지 그대로 있으라. 그 남자가 가만히 있지 않고 오늘 그 일을 마칠 테니"라고 말했다.

아침 일찍

본문에서 '아침'으로 번역된 히브리어 보케르(*boqer*)의 의미 폭은 꽤 넓어서, 동트기 직전에서 날 밝은 오전까지를 포함한다. 따라서 본문에 나오는 "서로 알아보기 전"은 아침의 첫 시간인 동트기 직전을 가리킨다.

구약 시대의 사람들은 아침 일찍 일어나 바깥 활동을 시작하고는 했다. '(아침에) 일찍 일어나다'는 뜻을 가진 히브리어 동사 샤캄(*shakam*)이 구약에 자주 등장하는 것을 보면 그 점을 잘 알 수 있다. 이 사실을 모르면, 아브라함이 나그네들을 초대하면서 "발을 씻고 주무시고 일찍 일어나 길을 가십시오"(창 19:2)라고 한 것을 보고서, '재워 주기는 하겠지만 아침 일찍 내보내겠다는 뜻이구나'라고 오해할 수도 있다. 그러나 그가 그들을 극진히 대접한 것을 보면 그런 뜻이 아님을 알게 된다.

룻은 사람들이 서로 알아볼 정도로 밝아지기 전에 떠나야 했다. 밤에 그녀가 타작마당에 있었다는 것을 사람들이 알게 되면 오해가 일어날 것이 분명했기 때문이었다. 그녀가 떠나기 전에 보아스는 곡식을 넉넉히 주었다. 그것은 가난한 룻을 위한 호의의 표시였을까? 아니면, 일부 성서학자들이 던지는 질문처럼, 누군가가 룻을 알아보았을 때를 대비해 곡식을 넉넉히 지고 나가게 함으로써 일하러 왔다는 인상을 주어 오해를 피하기 위해서였을까?

어쨌든 그는 베들레헴으로 갔다. 룻이 부탁한 유산 무르기를 위해!

너는 누구냐

나오미는 그 운명의 밤을 뜬눈으로 지내다시피 했을 것이
다. 그녀는 룻이 돌아오자마자 바로 "내 딸아, 어떻게 되었느냐?"
라고 물었다. 그런데 원문에는 "내 딸아, 너는 누구냐?"로 되어
있다. 나오미는 왜 느닷없이 그런 질문을 던졌을까?

앞서 똑같은 질문이 나왔다. 보아스가 타작마당에서 깨어
나 룻을 보고 "당신은 누구요?"(3:9)라고 물은 것이다. 그런데 이
제 나오미가 룻이 누구인지를 물었다. 이 두 질문의 공통점은 룻
이 누구인지를 몰라서 물은 것이 아니라는 것이다. 보아스의 질
문은 누군가가 갑자기 나타났을 때 놀라서 하는 말이다.

그러면 나오미는 무슨 뜻으로 그런 질문을 던졌을까? 사실
나오미는 보아스에게 부탁한 결과가 어떻게 되었는지를 룻에게
물었어야 했다. 그렇다면 그 질문은 '너는 어떤 사람이 됐느냐?'
라는 뜻 아닌가. 다시 말해, '이제 너는 누구의 아내가 될 사람이
냐?'라고 물은 것 아닌가.[15]

기다려야!

룻은 보아스가 한 모든 일을 그녀에게 알려 주면서, 그에게

서 받은 곡식을 보여주었다. "빈손으로 시어머니에게 돌아가지 말라"는 보아스의 말과 함께.

이 말을 보면, 곡식은 룻과 연결되어 있지 않고 나오미와 연결되어 있다. 이제 보아스가 왜 룻에게 곡식을 주었는지, 그 이유가 드러났다. 룻이 밤중에 타작마당에 있었기 때문에 생길지도 모르는 오해를 피하기 위해서가 아니라, 룻이 부양하고 있는 나오미를 위해서였다. 말하자면, 그가 곡식을 준 것은 나오미의 가족을 향한 계속되는 호의, 즉 룻기 2장에 나왔듯이 "살아 있는 자와 죽은 자"를 향한 "변함없는 사랑"의 표시였다. 이제 그 사랑이 유산 무르기를 통해 확연히 드러날 때가 다가오고 있었다.

나오미는 공이 보아스의 손으로 넘어갔음을 알았다. 그리고 그가 어떤 사람인지를 안 만큼, 모든 일이 완결될 때까지 그가 "가만히 있지 않을 것"도 알고 있었다. 그러니 두 사람에게 남은 것은 기다림이었다. 그리고 이 기다림 중에 필요한 것은 섣불리 무엇인가를 하다가 일을 그르치지 않도록 말과 행동을 조심하는 것이었다.

20대 시절, 내가 다니던 교회 앞에는 38번, 57번, 211번 버스가 섰다. 그때 교회 청년들은 57번을 5분 7초, 38번을 38분이라고 불렀다. 57번이 38번에 비해 그만큼 자주 온다는 뜻이었다. 그런데 211번은 2시간 11분이라고 불렀다. 이 버스의 노선에 영등포시장, 옥수시장 등 사람들로 붐비면서 차도 많이 다니는 곳들이 있다 보니, 사람을 태울 때나 달릴 때 상습적 지체가 일어나 배차 간격이 길어졌기 때문이었다. 문제는 내가 집에서 교회에 갈 때 노량진 본동에서 그 버스로 갈아타야 했다는 것이다. 사실은 거기서 한 정류장 거리였는데, 다음 정류장 전에 한강대교가 있었기 때문에 버스가 늦게 와도 걸어갈 엄두를 내지 못했다. 하루는 한 시간 가까이 기다려도 버스가 오지 않았다. 추운 날에 손발 시린 것을 내내 참다가, '걸어서 다리를 건넜으면 벌써 도착했을 텐데'라는 생각이 들어 걸어가기로 했다. 그런데 다리를 건너는 도중에 211번이 쌩 하고 지나가는 것 아닌가. 후회가 밀려왔다. 어차피 올 건데, 기다린 김에 조금만 더 기다릴걸.

사실, 요즘 서울에서 그런 식으로 버스를 기다릴 일은 없을 것이다. 상습적으로 한 시간 가까이 지연되는 노선이 없기도 하겠지만, 정류장에 도착 시간을 알려주는 버스정보안내기가 있으니 말이다. 그러나 그때 나는 더 중요한 기다림을 위해 나도 모르는 연습을 하고 있었다.

믿음에서 기다림을 빼면 남는 것이 별로 없다. 약속이 이루어지기까지는 시간이 걸리기 때문이다. 그런데 그 시간이 얼마나 될지 알 수 없다. 그렇기 때문에 믿음에 치명적인 적은 조급함이다.

11. 드러나는 사랑의 불꽃

4:1 보아스는 성문으로 올라가 거기에 앉았다. 그런데 보라, 보아스가 말한 유산 무를 자가 지나가고 있었다. 보아스가 "아무 개여, 발걸음을 돌려 여기에 앉으시오"라고 말하자, 그가 발걸음을 돌려 앉았다. 2 그가 그 도시의 장로 열 명을 택해 "여기 앉으십시오"라고 말하니, 그들이 앉았다. 3 그는 유산 무를 자에게 말했다. "우리 형제 엘리멜렉에게 속한 밭의 구획을 모압의 시골에서 돌아온 나오미가 팔고 있소. 4 그래서 나는 그대의 귀를 열어 여기 앉아 있는 사람들과 내 백성의 장로들 앞에서 사라고 말하겠다고 했소. 당신이 유산을 무르려면 무르시오. 만일 무르지 않으려면 나에게 밝혀 알려 주시오. 당신 외에는 유산 무를 자가 없고, 당신 다음에는 나요." 그러자 그가 "내가 무르겠소"라고 말했다. 5 보아스는 "그대가 나오미의 손에서 그 밭을 사는 날에, 죽은 자의 이름을 그의 유산에 세우기 위해 죽은 자의 아내인 모압 여자 룻에게서

도 사는 것이오"라고 말했다. 6 그러자 그 유산 무를 자가 "나는 나를 위해서 무를 수 없소. 내 유산에 손해가 될까 봐서요. 그대가 내 유산 무르기를 이행하시오. 나는 무를 수 없으니"라고 말했다. 7 이전 시절에 이스라엘에서 유산 무르기와 교환하기에 대해 이런 것이 있었는데, 모든 일을 확정하기 위해 자기 신을 벗어 상대방에게 주었다. 이것이 이스라엘에서 증명하는 방법이었다. 8 그 유산 무를 자는 보아스에게 "그대가 사시오"라고 말하고서 자기 신을 벗었다. 9 그래서 보아스가 장로들과 온 백성에게 말했다. "여러분은 오늘 내가 엘리멜렉에게 속한 모든 것과 기룐과 말롤에게 속한 모든 것을 나오미의 손에서 산 것의 증인이 되었습니다. 10 또한 죽은 자의 이름을 그의 유산에 세워 죽은 자의 이름이 그의 형제들에게서와 그가 태어난 곳의 성문으로부터 끊어지지 않도록, 내가 말롤의 아내 모압 여자 룻을 내 아내로 샀습니다. 여러분이 오늘 증인이 되었습니다." 11 성문에 있는 모든 사람과 장로들이 말했다. "증인이 되었습니다. 여호와께서 당신의 집에 들어가는 여자를 이스라엘의 집을 함께 세운 라헬과 레아 같게 해주시기를, 그리고 당신이 에브라다에서 힘 있게 되고 베들레헴에서 이름을 얻기를, 12 또한 당신의 집이 여호와께서 이 젊은 여자를 통해 당신에게 줄 후손 때문에, 다말이 유다에게 낳아 준 베레스의 집과 같게 되기를 바랍니다."

성문에서

잠시 구약의 도시가 어떤 구조로 되어 있는지를 보겠다. 이미 설명했듯이, 기본적으로 도시는 '성벽'으로 둘러싸여 있다. 성벽의 기능은 두 가지인데, 하나는 도시의 경계를 표시하는 것이고 다른 하나는 외부의 공격에서 도시를 보호하는 것이다. 성벽에는 '성문'이 있어서 출입구 역할을 한다. 이 문 옆에는 '망대'가 있는데, 거기에는 '파수꾼'이 있어서 도시 안팎의 동향을 살핀다. 한편으로는 도시 안에 무슨 일이 벌어지는지 살피고, 다른 한편으로는 밖에서 누가 오고 있는지, 그것이 상인들인지, 출정 후에 돌아오는 아군인지, 침략하는 적군인지를 파악하는 것이다. 성문에는 '문지기'가 있어서 평소에는 출입하는 사람들을 점검하고 단속하다가, 적군이 온다는 보고를 들으면 문을 닫은 다음 '문빗장'을 질러 공격에 대비한다.

이처럼 성문은 성벽 및 망대와 함께 도시의 안전이라는 점에 있어서 중요했다. 그런데 성문에 중요한 기능이 더 있다. 성문 가에는 널찍한 공간이 있어서 많은 사람이 모일 수 있었기 때문에, 거기에 시장이 서고, 증인을 필요로 하는 중요한 거래나 계약, 회의와 재판 등이 열리기도 한 것이다. 바로 그런 장소에서 보아스가 유산 무르기 절차를 밟으려고 했다.

롯기

아무개여

보아스가 성문 가에 있을 때, 마침 나오미 가족의 유산 무를 자가 등장했다. 이 장면에서 저자는 "보라"라는 표현으로 독자의 주목을 끈다. 이 표현은 룻기 2장에서 보아스가 등장하는 장면에 나왔는데, 이제 4장에서 보아스가 유산 무를 자를 만나는 장면에 다시 보인다. 보아스가 그를 불렀다. 그런데 그를 부르는 호칭이 재미있다. "아무개여"라니.

여기서 '아무개'라고 번역된 히브리어 표현 펠로니 알모니(*peloni 'almoni*)는 실제로 이름을 불렀지만 사건 전달에서 그 이름을 밝히지 않는 경우에 사용된다. 이 표현은 구약에 세 번 나오는데, 위 본문의 경우는 사람을 가리키고, 나머지 두 경우는 장소를 가리킨다. 장소를 가리키는 경우는 한글 성경에 "이러이러한 곳"(삼상 21:2)과 "아무 데 아무 데"(왕하 6:8)로 번역되어 있다. 사람을 '아무개'라고 했다면, 이 두 경우는 '아무 데에'라고 번역해도 될 것 같다. 어쨌든, 보아스가 '형제여' 같은 호칭으로 불렀다면 룻기 저자도 그렇게 기록했을 것이다. 그러나 그가 이름을 불렀는데, 저자가 '아무개여'라는 표현으로 그 이름을 가린 점이 흥미롭다. 왜 그랬을까?

룻기에는 이름을 뜻하는 히브리어 명사 셈(*shem*)이 13번 출현한다. 그중 절반 가까이가 4장에 나오는데 그 용례는 다음과 같다. 우선, 유산 무르기는 "죽은 자의 이름을 그의 유산에 세우기"위한 것인데(5, 10절), 그 아무개는 이 책임을 거부한 반면, 보아스는 그것을 받아들여 그 이름이 "끊어지지 않도록" 했다(10절). 그러자 그것을 본 사람들은 보아스가 "이름을 얻기를", 즉 훌륭한 사람으로 널리 인정되기를 축복했다(11절). 그리고 룻이 아들을 낳은 다음에, 나오미를 아는 여자들은 그 아이의 "이름이 이스라엘에 널리 알려지기를" 축복했다(14절). 마지막으로, 그 아이의 이름이 보아스와 함께 성경에 메시아의 조상인 다윗의 족보에 기록됐다(17-22절).

위의 용례를 근거로, 이름에 대해 다음과 같은 점을 알게 된다. 우선, 유산 무르기를 거부한 자의 이름은 잊혀, 그저 '아무개'로 남았다. 영화에 단역으로 출연했는데 끝 자막에 이름조차 내지 못하게 된 것이나 마찬가지다. 다음, 유산 무르기를 맡아 죽은 자의 이름이 끊어지지 않게 한 보아스의 이름과 그의 유산 무르기를 통해 태어난 아이의 이름은 널리 알려졌다. 뿐만 아니라, 그 두 이름은 메시아의 조상인 다윗의 족보에 올라 성경에 영원히 남게 됐다.

룻을 사다

보아스가 "아무개"에게 "발걸음을 돌려 여기에 앉으시오"라고 요청하자, 그가 요청에 응했다. 보아스는 도시의 지도자로서 증인이 될 열 사람을 그 자리에 초청했다. 그때 다른 사람들도 그 주위에 모여 앉았을 것이다. 성문 가에서 공적인 성격을

떤 모임이 생기면 늘 그랬듯 말이다.

증인들이 모이자, 보아스는 먼저 그 모임의 목적이 나오미의 죽은 남편인 엘리멜렉의 유산 무르기임을 알렸다. 그리고 유산 무를 자가 두 명인데, 우선순위에 있어서 "아무개"가 먼저고 보아스 자신은 그다음이며, 그 외에는 아무도 없다는 것을 밝혔다. 그러자 그 아무개는 자신이 그 책임을 이행하겠다고 말했다. 그러나 보아스가 엘리멜렉의 유산 무르기에 룻과의 결혼도 포함되어 있음을 밝히자, 그는 그 책임을 보아스에게 떠넘겼다.

그런데 보아스가 그 책임을 이행하면서 "룻을 내 아내로 샀다"(10절)고 말한 부분이 거슬린다. 노예 거래나 인신매매가 연상되기 때문이다. 그렇지만 여기서 '샀다'는 것은 유산 무르기를 이행하기 위해 누군가와 관련된 권리를 값을 지불하고 얻었다는 것이다. 다시 말하자면, 룻을 아내로 샀다는 것은 엘리멜렉의 밭에 대한 대가를 지불하면서 룻의 남편이 되어 그녀에게서 난 아들로 하여금 그 밭을 상속하게 했다는 뜻이다.

"아무개"가 유산 무르기를 포기한 것도 룻을 아내로 '사야' 했기 때문이다. 그 이유를 설명하자면 다음과 같다. 우선, 그가 룻과 결혼하지 않고 엘리멜렉의 밭을 사면 그는 그 밭의 소유자가 될 수 있다. 더 설명을 하자면, 그가 룻과 결혼하지 않고 그 밭만 산다면 룻에게는 상속자가 태어나지 못한다. 그러니 그가 그 밭에 대한 재산권을 행사하게 된다. 만일 룻이 다른 사람과 재혼해서 아들을 낳는다 하더라도, 유산 무를 자와 결혼한 것이 아니기 때문에 그 아들은 엘리멜렉의 상속자가 되지 못한다. 이 경우에도 그 아무개가 그 밭에 대한 재산권을 행사하게 된다. 그런데 밭을 사면서 룻과 결혼한다면, 룻이 낳는 아들이 그 밭의 상속자가 되어 밭을 산 사람은 밭에 대한 재산권을 행사할 수 없게 된다. 그러면 그 사람은 밭을 구입한 값만큼 손해를 보게 된다. 이런 손해까지 감수하면서 유산 무르기를 할 생각이 없었던 그는 그 책임을 보아스에게 넘겼다.

당시에 나오미처럼 땅을 되찾지 못한 채 빈궁하게 살아가는 사람들을 위한 제도가 둘 있었다. 일시적 처방으로는 이삭줍기가 있었고, 근본적인 해결책으로는 유산 무르기가 있었다. 그런데 모두가 그 두 제도를 지켰던 것은 아니었다. 특히 유산 무르기의 경우에는 큰 대가를 지불해야 했기 때문에, 적극적으로 이행하려는 사람을 만나기가 쉽지 않았다. 이 책 6장에서는 룻이 나오미에게 "내가 은혜를 입는 사람의 뒤를 따라 이삭을 줍겠습니다"라고 한 말의 의미에 대해 질문을 던졌었다. 말하자면, 룻이 이삭줍기 규정에 외국인을 위한 조항이 있는지를 몰라서 그런 말을 했는지, 아니면 그 규정 자체를 무시하고서 이삭을 남기지 않는 사람들이 많아서 그랬는지를 물었다. 유산 무르기를 거부한 "아무개" 같은 사람이 있었음을 보면, 그보다 덜 중요한 이삭줍기 규정을 제대로 지키지 않는 사람들은 더 많았을 테니, 이 때문에 그런 말을 했을 가능성이 높다.

그러나 보아스는 달랐다. 그는 이삭줍기를 관대하게 허용했을 뿐 아니라, 유산 무르기를 위해서도 필요한 대가를 기꺼이 지불했다.

신발 벗기

"아무개"는 유산 무르기의 책임을 보아스에게 넘기면서 신발을 벗어 주었다. 그런데 신명기 25장을 보면, 수혼을 통한 유산 무르기를 거부하는 자가 있으면 그의 발에서 신발을 벗기고 그의 얼굴에 침을 뱉도록 했다(9절). 이 둘 사이에 '신발'이라는 공통점이 있기는 하지만 세부적으로는 큰 차이가 있다. 룻기에서 침 뱉기는 언급되지도 않는다. 그리고 신발은 다른 의미를 띤다. 유산 무르기의 도움을 받아야 할 여자가 유산 무르기의 책임을 거부하는 자의 신발을 '강제로 벗기는' 것이 아니라, 그 책임을 거부하는 자가 신발을 '스스로 벗어서' 그 책임을 넘겨받을 자에게 주는 것이다. 따라서 신발을 벗어 주는 관례는 신명기의 신발 벗기기 규정과 상관없는 것 같다. 그러면 신명기의 규정은 왜 지켜지지 않았는가?

먼저, 신명기의 유산 무르기와 룻기의 유산 무르기 사이에 어떤 차이가 있는지 알아야 한다. 신명기의 경우는 좁은 의미의 수혼, 즉 남편 형제와의 결혼을 통해 이루어지는 유산 무르기인 반면에, 룻기의 경우는 결혼의 범위가 넓어져 형제 다음으로 가까운 친척과 결혼함으로써 이루어지는 유산 무르기다. 또한 신명기의 수혼은 거부하면 큰 수치를 당하는 "의무"지만(신 25:5-6), 룻기의 경우는 선택의 여지가 있는 책임에 가깝다.

이 차이점을 감안한다면, 룻의 유산 무르기에 신발 벗기기와 침 뱉기가 따르지 않은 이유는 다음 중 하나다. 죽은 남편의 형제 다음으로 가까운 친척과의 수혼에는 그 규정이 엄격히 적용되지 않았거나, 아니면 어느 경우에나 똑같이 적용돼야 할 규정이 사사 시대여서 제대로 지켜지지 않았거나.

이 둘 중 어느 것이 맞는지는 알 수 없다. 그 근거가 아무 데도 보이지 않기 때문이다. 그렇지만 본문이 말하고자 하는 것이 무엇인지는 분명히 알 수 있다. 유산 무르기의 책임을 이행하지 않아도 아무런 제재나 비난을 받지 않던 시절에, "아무개"는 자기가 입을 손해 때문에 그 책임을 다른 사람에게 넘겼지만, 보아스는 기꺼이 그 책임을 졌다는 것이다. 이 때문에 보아스의 사람됨이 빛을 발했다.

정리하자면, 사사 시대라는 혼돈기에 많은 사람들이 법을 제대로 지키지 않거나 잊고 살았다. 그렇지만 그런 때에도 보아스처럼 사람을 살리고 가정을 일으키는 유산 무르기 같은 제도를 기억하고 지키는 훌륭한 사람, 미덕 있는 사람이 있었다. 그리고 그런 사람 덕분에 나오미와 룻처럼 무너질 대로 무너진 사람들이 다시 일어설 수 있었다.

한밤중에 간 이유

이 책 9장에서 룻이 왜 밤에 보아스를 찾아갔느냐는 의문을 다룰 때에, 중요한 것 한 가지를 미해결 과제로 남겨 두었었다. 이제 그 의문을 다시 제기하자면, 낮에 가서 공개적으로 처리해도 될 일을 무엇 때문에 굳이 밤에 찾아가서 몰래 부탁했을까? 잘못하다가는 큰 오해가 일어날 수도 있었을 텐데.

룻기는 그 이유를 명시적으로 밝히지 않는다. 그러나 시야를 구약 전체로 넓히고서 룻기를 꼼꼼히 읽어 보면, 해답의 실마리 몇 가지를 찾아낼 수 있다.

첫째, 결혼을 통한 유산 무르기는 재산상의 손해가 일어나기 때문에 그 손해를 감수하더라도 이행해 줄 사람이 있어야 했다. 그런데 룻의 경우 그것은 의무가 아니라 선택 사항이었다. 따라서 의무가 아닌 일을 재산상의 손해를 감수하고 맡아 줄 사람을 찾기는 어려웠다.

둘째, 나오미는 보아스가 유산 무를 자임을 이미 알고 있었다. 그런데 우선순위에 있어서 보아스보다 앞선 사람이 있다는 것도 알았을까? 그랬을 것이다. 그녀에게는 유산 무르기가 가장 절실한 일이었기 때문에 유산 무를 자가 누구인지 파악하는 것은 최우선적 관심사였다. 그렇다면 그 일에 가장 먼저 책임질 사람이 누구인지를 알고 있었음이 분명하다.

셋째, 그런데 문제가 있었다. 나오미와 그 사람 사이에는 별다른 교류가 없었다. 따라서 큰 손해를 감수하면서 유산 무르기를 해줄 것이라 믿기 어려웠다. 그러니 그에게 공개적으로 부탁했다가 아무것도 얻지 못한 채 낭패만 당할 가능성이 컸다.

넷째, 이런 상황에서 보아스 외에는 나오미가 도움을 부탁할 사람이 없었다. 보아스는 다음과 같은 이유 때문에 나오미의 부탁을 들어줄 가능성이 컸다. 우선, 그는 법적으로 나오미 가족의 유산 무를 자 중의 한 사람이었기 때문에 그 일에 관여할 책임이 있었다. 말하자면, 그는 유산 무르기를 주선할 수도 있고, 순서가 되면 본인이 유산을 무를 수도 있는 위치에 있었다. 다음, 사람됨이라는 면에서 그는 자신의 책임을 성실히 수행할 '미덕 있는 사람'이었다. 더구나 그는 이미 룻을 훌륭한 여자로 여기며 돕고 있었다.

그런데 남은 문제가 한 가지 있었다. 우선권자를 제치고 그 다음 순위인 보아스에게 공개적으로 부탁할 수는 없었다. 그렇다면 그 상황에서 나오미가 택할 수 있는 최선의 방법은 룻을 좋게 본 보아스에게 바로 그 룻을 몰래 보내서 유산 무르기를 도와달라고 부탁하는 것이었다.

언급되는 여자들

보아스는 유산 무르기 절차를 마치면서, 죽은 "말론의 아내"이자 "모압 여자"인 룻이 자신의 아내가 됐다고 선언했다. (이제야 독자는 룻이 말론의 아내임을 분명히 알게 된다.) 그리고 그 과정을 지켜본 사람들은 "우리가 증인이 되었습니다"라고 응답했다. 그 선언과 응답의 의미는 정말 컸다. 남편을 잃고서 생존을 위해 사투를 벌인 한 과부의 고된 삶이 끝났음을 알리고, 외국인인 그녀가 이스라엘 사회에 완전히 뿌리내렸음을 확인했으니 말이다. 그것은 룻의 내면에서 빛나던 헤세드의 불꽃, 즉 모압 출신이라는 과거의 배경과 과부라는 현재의 처지에 의해 가려진 그 불꽃이 마침내 다른 사람들에게 환히 드러났다는 뜻이었다.

그 모든 절차가 끝나자 증인들은 유산 무르기를 이룬 보아스를 축복하면서, 룻이 "이스라엘 집을 세운 라헬과 레아"와 같게 되기를 기원했다. 라헬과 레아는 야곱의 아내들이었다. 그 두 아내와 다른 두 여자에게서 열두 아들이 태어나 이스라엘 열두 지파의 조상이 되었다. 하나님께서 자식 없는 아브라함과 사라를 그 살던 곳에서 불러내면서 자손에 대한 약속을 주셨는데, 그의 손자인 야곱의 아내들을 통해 열두 지파의 조상들이 태어남으로써 그 약속이 본격적으로 실현되기 시작했다. 증인들은 바로 그 약속이 이제 룻을 통해서도 계속 이루어지기를 기원했다.

증인들은 위의 두 여자 외에도 다말을 언급했다. 다말과 룻 사이에는 중요한 공통점이 있다. 우선, 둘 다 자식 없이 남편과 사별했기 때문에 유산 무르기가 필요했다.[16] 다음, 룻기의 끝에 나오는 다윗 가문의 족보는 베레스에서 시작하는데, 그는 다말의 아들이다. 따라서 다말과 룻은 둘 다 다윗의 가문에 속하게 된 여자들이었다.

정리하자면, 나오미 가족의 유산 무르기를 지켜본 장로들과 주위 사람들은 그 일에 증인이 되었음을 알리고서 보아스와 룻을 축복했다. 하나님과 아브라함 사이에 세워진 언약에 담긴 약속이 계속 실현되도록 말이다. 이 장면은 "현숙한 여인"이 "성문에서 칭찬을 받는" 잠언 끝 부분을 생각나게 한다. 이로써 현실의 매서운 칼바람을 헤쳐 온 룻과 나오미의 길고 험한 여정이 끝났다.

12. 결혼

4:13 보아스가 룻을 맞이하니, 그녀가 그의 아내가 되었다. 그가 그녀에게 들어가니, 여호와께서 그녀에게 임신을 하게 하셔서, 그녀가 아들을 낳았다. 14 여자들이 나오미에게 말했다. "당신에게 오늘 유산 무를 자를 끊지 않으신 여호와께서 송축받으시며, 그의 이름이 이스라엘에서 불려지기를 바랍니다! 15 당신을 사랑하는, 당신에게 일곱 아들보다 더 좋은 며느리가 그를 낳았으니, 그가 당신 목숨의 회복자와 당신 노년의 부양자가 될 것입니다." 16 나오미가 아이를 받아서 그 품에 두고 그의 양육자가 되었다. 17 여자 주민들이 "나오미에게 아들이 태어났다"라고 말하면서 그에게 이름을 지어 주었는데, 그의 이름을 오벳이라고 불렀다. 그는 다윗의 아버지인 이새의 아버지였다.

외국인과의 결혼

이 책 4장에서 언급했듯이, '(누구에게) 들어가다'라는 표현은 맥락에 따라 '(누구를 만나기 위해) 그가 있는 방이나 집에 들어가다' 또는 '(누구와 결혼해서) 그가 있는 방에서 함께 살다'라는 뜻을 띤다. 위 본문의 '들어가다'는 두 번째 경우에 해당한다.

드디어 룻이 보아스의 아내가 되었다. 모압 출신 여자가 이스라엘 사회에 완전히 받아들여진 것이다. 어떤 과정을 통해 받아들여졌는지는 이미 보았다. 이제 왜 받아들여졌는지, 그 근본적인 이유를 확인할 때가 됐다.

우선, 3장에서 설명했듯이 외국인과의 결혼은 그 자체로 문제가 되지 않는다. 중요한 것은 그것이 종족과 신앙의 보존에 미치는 영향이다. 따라서 외국인과의 결혼이 신앙 유지에 방해가 된 경우는 당연히 억제됐지만, 그렇지 않으면 허용됐다.

그런데 룻의 경우에는 큰 문제가 있었다. '모압 사람은 여호와의 총회에 들어올 수 없다'는 반모압 규정 때문이었다. 그렇다면 룻과 보아스의 결혼은 그 규정을 위반한 것인가? 보아스가 이삭줍기와 유산 무르기를 지킬 정도로 법을 알고 존중한 사람이라면, 그 규정을 어겼을 리는 없다. 그렇다면, 그 규정이 애초부터 그와 룻의 결혼에 적용되지 않았다는 뜻이다. 이것이 사실이라면, 왜인가?

자국민이나 외국인이나

미국에서 유학 생활을 하던 중 어떤 서류를 작성하다가 처음으로 내 법적 지위가 'non-resident alien'이라는 것을 알게 되었다. 잠시 묘한 기분이 들었다. 거기 살고 있는데 비거주자_{non-resident}라니, 게다가 외계인_{alien}이라니.

사실 'alien'은 원래 다른 단체나 나라에 속한 사람이라는 뜻에서 '외인'이나 '외국인'을 가리키는 단어다. 나중에 그 뜻이 확장되어 다른 세계에서 온 존재인 '외계인'도 가리키게 됐지만 말이다.

어쨌든 'non-resident alien'(비거주 외국인)은 영주권 없는 체류자를 가리키는 법적 용어로서, 영주권자를 가리키는 'resident alien'(거주 외국인)과 구별되는 표현이다. 그런데 구약 시대 이스라엘 사회에도, 다음 본문에서 보듯 영주권 없는 체류자와 영주권자가 살고 있었다.

> 민 15:14 만일 외국인이 너희와 함께 체류하거나 누가 너희 중에 대대로 있는데, 그가 여호와께 향기로운 냄새가 나는 화제를 드린다면, 너희가 하듯이 그도 그렇게 해야 한다. 15 총회에 대해서는, 너희에게나 체류하는 외국인에게나 한 법규, 즉 너희 대대로 영원한 법규다. 너희나 외국인 체류자나 여호와 앞에서 똑같다.

위 본문에서 '너희'는 이스라엘 사람들, '체류하는 외국인'은 귀화하지 않은 외국인 체류자, 그중에서 '너희 중에 대대로 있는 자'는 영주권자에 해당한다. 그런데 이 모든 사람들이 이스라엘 "총회"의 일원으로서 하나님께 제사를 드릴 수 있었다.

또한 신명기에는 다음과 같이 외국인 체류자를 시민권자와 동등하게 대하는 관대한 정책이 있다.

> 신 10:17 너희 하나님 여호와는 신들의 신이자 주들의 주시며, 강하고 경외로운, 위대한 하나님이시다. 그는 사람을 외모로 보지 않으시고 뇌물을 받지 않으시며, 18 고아와 과부를 위해 정의를 실행하시고, 외국인 체류자를 사랑하여 그에게 빵과 옷을 주신다. 19 너희가 이집트 땅에서 외국인 체류자였으니, 외국인 체류자를 사랑하라.

> 신 24:19 너의 밭에서 추수를 하다가 밭에 있는 단을 잊어버릴 때에, 그것을 가져오기 위해 돌아가지 말라. 그것은 외국인 체류자와 고아와 과부를 위한 것이니, 그러면 너의 하나님 여호와께서 너의 손의 모든 일에 대해 너에게 복을 주실 것이다.

이상에서 보았듯 외국인 체류자를 이스라엘의 총회에 포함시키는 관대한 정책이 있었다는 점을 염두에 두고서, 보아스와 룻의 결혼이 신명기의 반모압 규정에 위배되는지 생각해 보겠다. 이 문제에 대해 자주 언급되는 두 견해를 소개한다.

한 견해는, '여호와의 총회'를 이스라엘의 크고 작은 지도자들로 이루어진, 일종의 정치적 실체로 보는 것이다. 이 견해대로라면, 모압 사람은 일반 총회에는 들어갈 수 있지만 '여호와의 총회'라 일컫는 특별한 모임에는 들어가지 못한다. 그렇지만 이 두 총회의 구분을 뒷받침할 만한 근거가 성경에 보이지 않는다. 더구나 여호와의 총회가 지도자들의 모임이었다면, 외국인 체류자는 모압 사람뿐만 아니라 누구든지 이스라엘의 지도자가 될 수 없어 당연히 그 총회에 들어가지 못했을 것이다. 그렇기 때문에 모압과 암몬 사람에만 국한되는 그런 규정은 필요 없었을 것이다. 따라서 이 견해는 성립될 수 없다.

다른 견해는, 반모압 규정에 나오는 '모압 사람'(mo'abi)이 남성형이니 남자는 못 들어가지만, 여자는 들어갈 수 있다는 것이다. 이것은 탈무드의 해석이다.[17] 그러나 남성형은 기본적으로 남자를 가리키지만, 남녀 통칭으로 사용될 때도 있다. 따라서 다른 증거 없이 이 규정에 나오는 '모압 사람'이 단지 남성형이기 때문에 남자만을 가리킨다고 해석하는 것은 무리가 있다.

이 문제에 대한 답을 얻으려면 롯이 귀화를 해서 이스라엘 사람이 되었다는 점에 주목해야 한다. 이제 신명기의 반모압 규정에 묶이지 않는 사람이 된 것이다. 그런데도 그녀의 이름에 '모압 여자'라는 별칭이 따라다니는 것은, 출신지를 별칭으로 붙이는 당시의 어법 때문이다. 야곱의 아들 유다와 결혼한 "가나안 사람 수아", 다윗 시대의 지휘관 "헷 사람 우리아", 다윗이 제단을 쌓은 타작마당의 주인인 "여부스 사람 아라우나"가 그런 경우다. 이 사람들은 출신지가 모두 이스라엘의 적국인데도(출 23:23) 아무런 문제 없이 이스라엘 사회의 일원으로 살았다.

롯은 이스라엘 백성을 '나의 백성'으로, 이스라엘의 하나님을 '나의 하나님'으로 고백함으로써 하나님과의 언약 관계에 들어갔다. 이때 그녀의 정체성과 함께 운명이 바뀌었다. 모압에 대한 저주에서 벗어나 하나님의 백성이 누릴 은혜에 들어가게 된 것이다. 그리고 그렇게 바뀐 그녀의 정체성과 운명은 유산 무르기를 통해 더 이상 흔들리지 않도록 확고해졌다.

성경에는 그런 예가 드물지 않게 보인다. 이스라엘이 여리고를 공격했을 때 그 도시의 매춘부 라합이 구원받았고, 이스라엘에 큰 가뭄이 있었을 때 페니키아의 사르밧에 사는 한 과부가 엘리야를 통해 하나님의 은혜를 입게 됐다. 아람의 고관인 나아만은 엘리사의 말을 믿음으로써 불치의 병에서 나았다. 인생을 망친 매춘부, 생존의 위기에 놓인 과부, 죽음을 앞둔 환자가, 그것도 구약 시대 이방인이 하나님을 믿고 그의 약속을 받아들였을 때 구원과 회복의 길에 들어선 것이다. 그리고 이 모든 경우는 출생과 그 이후의 삶에 저주를 받은 듯 보이는 사람들을 향한 하나님의 사랑을 보여주는 사례로 신약에까지 인용됐다(히 11:31; 눅 4:26, 27).

롯이 나오미를 따라 이스라엘로 가기로 했을 때 두 사람은 한 운명의 길을 걷기 시작했다. 이제 롯의 운명이 바뀌니, 나오미의 운명도 바뀌었다. 그리고 마침내 그들은 그 길 끝에서 환한 빛이 비취고 따뜻한 비가 내리는 들 앞에 함께 서게 됐다.

후견자 하나님

「러브스토리」와 룻기를 다시 비교하겠다. 공통점부터 보면, 둘 다 남녀의 이야기를 담고 있으며, 여자 주인공은 노동자층이고 남자 주인공은 부자다.

그런데 둘 사이에는 더 큰 차이점이 있다. 「러브스토리」는 남녀의 사랑 이야기지만, 룻기의 사랑은 하나님의 언약에 근거한 헤세드다. 「러브스토리」는 한 여자의 죽음으로 끝나지만, 룻기의 마지막에는 두 여자의 회생이 있다. 「러브스토리」가 연인의 죽음을 지켜보아야만 하는 청년의 애절한 이야기라면, 룻기는 처절하게 망한 두 여자가 다시 일어나는 이야기다.

마지막으로, 사람들이 「러브스토리」의 명대사로 제니퍼가 올리버에게 한 말, "사랑은 미안하다고 말할 필요가 없는 것"(Love means never having to say you're sorry)을 꼽는다면, 나는 룻기의 명대사로 보아스가 룻에게 한 말 "처음보다 마지막에 더 나은 사랑을 베풀었다"에 주목하고 싶다. 이 사랑의 결과에 대해, 룻기 저자는 마지막 장면에서 "여호와께서 그녀에게 임신을 하게 하셔서, 그녀가 아들을 낳았다"라고 서술한다.

룻기 저자가 마지막 장면에서 하나님의 이름을 언급한 것은 중요한 의미를 띤다. 등장인물의 입에서는 처음부터 하나님의 이름과 섭리에 대한 판단이 나왔지만, 저자는 내내 하나님에 대해 입을 다물다가 출산 장면에서 처음이자 마지막으로 하나님의 이름과 섭리를 언급했다. 이렇게 함으로써 저자가 알리고자 하는 것은, 룻의 귀화부터 결혼까지 모든 과정에 명시적 표현은 없었어도 실제로는 하나님의 손길이 관여하고 있었다는 것이다. 다시 말해, 룻기가 기본적으로 회복의 과정에 대한 이야기이며, 그 회복의 동력이 사랑이고, 그 결말이 결혼을 통한 유산 무르기라면, 그 유산 무르기를 실현하는 아들의 탄생은 그 모든 과정에 마침표를 찍는 것이다. 따라서 이 시점에서 하나님의 이름이 언급됐다면, 그것은 하나님께서 룻과 나오미의 운명이 바뀌는 과정 내내 자신을 드러내지 않는 후견인으로서 그들과 함께하고 계셨다는 뜻이다.

이제 룻기의 끝에 이르러 알게 되는 것이 있다. 저자는 나오미의 남편과 두 아들이 왜 죽었는지를 끝내 밝히지 않는다. 다만 그들의 죽음 뒤에 남은 두 여자의 회복에 대해 서술할 뿐이다. 사람들이 불행에 눈길을 두고서 그 이유를 알고 싶어 하는 동안, 하나님은 회복의 길을 보여주신다는 뜻인가.

태어나면서부터 맹인이 된 사람을 본 예수의 제자들은 그가 그렇게 된 것이 자기 죄 때문인지, 부모의 죄 때문인지를 물었다. 그 질문에 대해 예수는 그 누구의 죄 때문이 아니라 "하나님의 일이 그에게 나타나기 위해서"라고 대답하셨다(요 9:3). 하나님의 일이란, 어둠에 파묻힌 사람에게 빛을 비추는 것이며, 파산한 사람을 회생시키고 쓰러진 사람을 다시 일으키며 죽어 가는 사람을 영원히 살게 하는 것이다. 바로 그런 하나님의 이야기, 사랑과 회복과 생명의 이야기가 룻기에 울려 퍼진다.

나오미에게 아들이

룻의 출산에 흥미로운 표현이 있다. 룻이 아들을 낳았는데, 그 도시의 여자들이 "나오미에게 아들이 태어났다"고 말한 것이다. 왜 '룻에게' 아들이 태어났다고 말하거나, 나오미에게 '손자'가 태어났다고 말하지 않았을까?

아버지를 뜻하는 히브리어 명사는 아브(*'ab*)다. 그런데 이 단어는 아버지만을 가리키지 않고, 할아버지와 증조할아버지를 포함해서 직계 조상 모두를 가리킨다. 이 때문에 아브의 복수형 아봇(*'abot*)은 '아버지들'이 아니라 '조상들'로 번역된다. 아들을 뜻하는 명사 벤(*ben*)도 마찬가지다. 이 단어는 아들만이 아니라 손자와 증손자를 포함한 직계 후손 모두를 가리킨다. 그래서 문자적으로 '이스라엘의 아들들'을 의미하는 히브리어 브네 이스라엘(*bêne Yisra'el*)은 '이스라엘의 자손들' 또는 '이스라엘 사람들'로 번역되어, 야곱의 후손인 이스라엘 사람들 모두를 가리킨다. 그렇다면 룻의 '벤'은 나오미의 '벤'도 된다.

그런데 "나오미에게 아들이 태어났다"는 표현이 주목을 끄는 중요한 이유가 있다. 룻기 전체의 문학적 구조는 주요 부분인 서사와 거기에 부록처럼 달려 있는 족보로 구성되어 있는데, 위 표현은 서사 부분의 끝에 있다. 그러니 룻기의 서사는 나오미로 시작해서 나오미로 끝난다. 그렇다면 룻기의 주인공은 룻이 아니고 나오미인가?

룻기의 주인공

그림에서 주인공을 드러내는 방법이 몇 가지 있다. 이집트 벽화는 크기로 표시한다. 말하자면, 가장 크게 그려진 인물이 주인공이다. 색깔로 나타내는 방법도 있다. 예수의 시신을 십자가에서 내리는 장면이나 십자가에서 내린 예수의 시신을 둘러싸고 애도하는 장면에서 청색 옷을 입은 여자는 예수의 어머니 마리아이고, 붉은 색 옷을 입은 남자는 사도 요한이다. 빛으로 주인공을 부각시키는 방법도 있다. 이탈리아 화가 카라바조Caravaggio가 그린 「엠마오의 저녁 식사」에서는 전체 화면을 비추는 빛의 중심에 예수의 얼굴이 있다. 네덜란드 화가 렘브란트Rembrandt의 「간음하다 붙잡힌 여자」에서는 어둠을 가르는 한 줄기 빛이 예수의 얼굴을 거쳐 바닥에 앉은 여자에게 떨어진다.

룻기의 주인공은 누구일까? 제목이 주인공을 드러낸다면, 룻이 주인공이다. 그런데 서사 구조로는 나오미에서 시작해서 나오미로 끝나니, 룻기의 내용은 결국 나오미 이야기가 아닌가?

그렇다면 나오미가 주인공인가? 아니면, 서사 전개에서 룻과 나오미의 회생에 결정적 역할을 하고 마지막 부분인 족보에까지 등장하는 보아스일까? 답을 찾기는 쉽지 않아 보인다. 어쩌면 세 사람 모두 주인공일 수도 있다. 독주 악기 셋에 관현악이 함께하는 삼중 협주곡처럼 말이다.

13. 그 후에

4:18 이것은 베레스의 족보다. 베레스는 헤스론을 낳았고, 19 헤스론은 람을 낳았고, 람은 암미나답을 낳았고, 20 암미나답은 나손을 낳았고, 나손은 살몬을 낳았고, 21 살몬은 보아스를 낳았고, 보아스는 오벳을 낳았고, 22 오벳은 이새를 낳았고, 이새는 다윗을 낳았다.

결혼 이후

신데렐라 같은 동화가 마무리될 때 흔히 나오는 문구가 있다. "그 후에 둘은 오래오래 행복하게 살았답니다." 그런데 그 이야기가 현실이었다면 과연 그럴 수 있었을까? 신데렐라는 복도를 걸어가는 것에서부터 공적인 행사에서 처신하는 것까지 궁중 예법에 잘 적응했을까? 왕자는 끝까지 신데렐라를 잘 대했을까?

첫눈에 반했을 때의 그 마음떨림이 끝까지 갔을까?

2010년대 초, 어느 기업가의 인터뷰 기사가 여러 신문에 실린 적이 있었다. 기사를 읽다가 영화 같은 그의 결혼 이야기에 주목하게 됐다.[18] 젊은 시절 그에게는 사귀던 여자 친구가 있었는데, 그녀가 유학을 가는 바람에 헤어지게 됐다. 그런데 몇 년이 지나, 그녀와 다시 만나는 꿈을 밤에 꾸었다. 오전 내내 일이 손에 잡히지 않아, 점심을 먹은 뒤 그녀와 자주 만나던 카페에 갔다. 한동안 옛 생각에 잠겨 있는데, 놀랍게도 꿈에서 본 그녀가 카페 문을 열고 나타나는 것이 아닌가. 그렇게 그들은 다시 만났다. 그리고 결혼했다. 여기까지 들은 기자가 "금슬이 무척 좋겠다"라고 말했다. 그런데 대답이 뜻밖이었다. 연애 시절처럼 "아직까지 가슴 떨리고" 하지 않을 뿐더러, "다른 50대 부부처럼 대화도 부족하고 소통도 안 되고 갈등도 있다"는 것이었다. 그러면 그 영화 같은 운명적인 만남은 무슨 의미가 있었나? 어차피 그런 과정 없이 결혼한 부부와 다름없이 지낼 것이라면 말이다.

사실, 결혼까지의 과정은 과정으로서 의미가 있다. 특히 그 과정 중에 일어나는 운명과도 같은 사건은 둘 사이를 단단히 묶어 준다. 그러나 아무리 운명적인 만남도 결혼 후의 행복을 자동으로 보장해 주지는 않는다. 결혼 후의 삶은 또 다른 문제라는 말이다.

그러면 룻과 보아스는 어땠을까? 행복하게 살았을까? 흥미롭게도 룻기는 결혼 후의 삶이 어땠는지를 서술하기보다 족보를 간단하게 언급하는 것으로 끝을 맺는다.

족보

성경에는 족보가 자주 등장한다. 특히 창세기에는 열 번 정도 나오며, 역대기상에는 첫 장부터 9장까지 성경에서 가장 긴 족보가 나온다. 이와 달리 룻기의 족보는 맨 끝에 짧게 나오기 때문에 부록 같은 인상을 준다. 그러나 그 의미는 절대로 작지 않다.

여기서 잠시 위의 족보에 대한 의문 한 가지를 해결해야겠다. 이것은 룻기의 내용에 대한 마지막 의문이다. 수혼을 통해 태어난 오벳은 보아스의 아들이 아니라 룻의 전남편인 말론의 아들이 돼야 하는데, 왜 족보에는 보아스의 아들로 기록됐을까? 이 의문에 대한 답을 다음과 같이 추측해 볼 수 있다.

첫째, 형제가 아닌 가까운 친척과 결혼해서. 그러나 룻기 4장에 룻과 보아스의 결혼이 형제에 의한 수혼과 다를 바 없이 "죽은 자의 이름을 그의 유산에 세우기 위해서"라는 것이 분명히 드러나 있는 만큼(5, 10절), 이것은 적절한 이유가 될 수 없다.

둘째, 룻기 4장에서 오벳을 가리킬 때 "아들"(13절)과 "유산 무를 자"(14절)라는 두 표현이 교차한다는 점을 감안하면, 오벳이 말론에게는 유산 무를 자이면서 보아스에게는 아들이기 때문에 족보에는 보아스의 아들로 기록됐을 것이다. 그러나 유산 무르기의 근거가 아들이라는 지위이기 때문에 그런 식으로 둘을 가를 수 없다. 말하자면, 오벳은 법적으로 말론의 아들이 돼야 한다.

위의 두 답이 적절하지 않다면, 마지막으로 가능한 것은 보아스가 룻 외에 다른 아내를 두지 않아서, 즉 엘리멜렉과 보아스 두 가계가 합쳐져서다. 이것이 사실이라면, 오벳은 말론의 아들이면서 보아스의 아들이 된다. 말하자면, 말론은 법적인 아버지이고, 보아스는 친아버지다. 이 때문에 족보에는 친아버지인 보아스의 아들로 기록됐다.

보아스가 다른 아내를 두었는지를 알 수 없기 때문에 이 답은 추측일 수밖에 없다. 그러나 개연성이 있다. 이런 경우가 성경에 나오는데, 다말이 낳은 베레스가 법적 아버지인 엘의 아들이 아니라 친아버지인 유다의 아들로 족보에 오른 것이다(룻 4:12; 역대상 2:4). 오벳과 다른 점이 있다면, 베레스의 경우는 법적 아버지와 친아버지가 형제간이 아니면서도 한 가계에 속한 사람들이었다. 그러나 원래 한 가계였든 두 가계가 합쳐져서 하나로 됐든 결과는 같다. 이로 보아, 보아스가 룻 외에 다른 아내를 두지 않아 두 가계가 합쳐졌기 때문에 오벳이 보아스의 족보에 올랐다는 추측은 충분한 개연성이 있다.

메시아 족보

성경의 족보로 돌아가겠다. 신약에는 메시아 족보가 두 군데 나온다. 그중에서 누가복음 3장 족보에는 두 가지 특이한 점이 있다. 우선, 다른 족보들이 위에서 아래로 내려오는 것과 달리, 그 족보는 예수에서 시작하여 아브라함을 거쳐 아담까지 거슬러 올라간다. 뿐만 아니라, 마지막에는 하나님께 닿는다. 이런 점을 감안하면, 누가복음의 족보는 예수 그리스도와 하나님을 잇는 생명선 위에 하나님과 언약을 맺은 사람들의 이름을 기록한 것이라고 할 수 있다.

반면에, 마태복음 1장에 나오는 족보는 이스라엘 민족의 조상인 아브라함에서 시작해서 예수에게로 내려간다. 이 족보에서 베레스부터 다윗까지는 룻기의 족보와 거의 같다. 다른 점이 있다면, 룻기의 족보에 없는 룻의 이름이 마태복음의 족보에는 있다는 것이다. 마태복음에는 룻을 포함해서 다섯 여자가 나온다. 다말, 라합, 룻, 우리야의 아내, 마리아. 이 사람들은 출신과 결혼, 또는 결혼과 출산에 각자의 이야기가 있다. 그런데 그 이야기가 그리 순탄해 보이지 않는다.

이렇게 족보를 펼쳐 놓고 보면, 룻기의 족보에서 특별한 의미를 찾을 수 있다. 룻기의 관심이 룻과 나오미의 행복에만 머물지 않고 그 너머의 무엇인가를 향하고 있다는 것이다. 특히 룻기의 족보가 메시아의 족보로 이어진다는 점을 감안하면, 룻과 보아스의 결혼은 나오미와 룻의 회생을 넘어 메시아, 즉 예수 그리스도의 탄생을 향해 가는 과정이 된다.

룻기 읽기를 마쳐야 할 시점에서, 갑자기 그리스도의 탄생이 언급되니 화제가 급격히 바뀐 느낌이 들지만, 이를 언급하는 중요한 이유가 있다. 성서 해석에서 가장 기본적이고도 중요한 문제는 구약과 신약의 연결이다. 이 둘의 관계를 간단히 말하자면, 구약이 예고이고, 신약은 그 예고의 성취다. 따라서 이 관계를 구체적으로 파악해야 구약의 해석이 완성된다. 신약도 마찬가지다. 구약을 배경으로 읽어야 그 완전한 의미를 보게 된다. 그렇기 때문에 다음 장에서는 지금까지 읽어 온 룻기의 메시지가 신약에서 어떻게 구현됐는지 파악하고, 그것이 오늘날 독자에게 어떤 의미를 가지는지 확인함으로써 룻기 읽기를 마무리하려고 한다.

14. 끝없는 사랑

그리스도의 탄생에는 많은 이야기가 얽혀 있다. 그중 가장 시선을 끄는 것이 두 가지 있다. 하나는 아이를 낳을 수 없는 처녀가 임신을 했다는 것이고, 다른 하나는 아기의 탄생을 저지하려는 아동 살육이 있었다는 것이다. 그런데 중요한 인물의 잉태와 탄생에 그런 난관이 따르는 일은 구약 시대에도 있었다.

탄생의 난관

우선, 아브라함의 아내 사라의 경우를 보면, 하나님과 맺은 언약을 이을 이삭을 출산하기까지 오랜 불임의 기간을 보냈다. 또한 그 기간 동안 그녀의 종이었다가 상속의 경쟁자가 된 하갈의 괴롭힘이 있었다. 한나도 사무엘을 출산하기까지 불임 기간과 경쟁자 브닌나의 괴롭힘을 통과해야 했다. 룻의 경우, 불임이나 경쟁자와의 갈등을 겪지는 않았지만, 임신하기까지 한동안 고통의 기간을 보냈다는 점에서는 위의 경우와 비슷한 데가 있다. 그런가 하면 모세의 탄생은 아동 살육이라는 큰 난관을 통과해야 했다.

위에서 언급한 인물들은 하나님의 구원과 언약의 중심에 서 있는 사람들이다. 이삭은 하나님이 히브리 민족의 조상인 아브라함과 맺은 언약의 첫 열매이며, 모세와 사무엘은 구원자와 같은 사람들이다. 룻이 고생스러운 시절을 보낸 뒤에 낳은 오벳은 구원자의 족보를 이어 간 사람이다. 그런데 이토록 중요한 인물들의 탄생이 왜 순탄하지 않았는가? 왜 그처럼 힘들고 어려운 과정을 거쳐야 했는가?

달리 생각해 보면, 중요한 일일수록 어렵게 이루어지는 것인가? 즉 목표가 중요한 만큼 그 과정도 어려워지는 것인가? 만일 그렇다면, 목표에 도달하는 과정에서 이미 그 목표의 대가가 지불되는 것 아닌가?

두 종류의 우연

이미 설명했듯이, 오벳은 나오미 가족의 땅을 되찾을 상속자가 되기 때문에, 그의 탄생은 나오미와 룻의 완전한 회생을 의미한다. 이 회생은 룻과 보아스의 만남에서 시작됐고, 그 만남은 룻이 이삭을 줍다가 "우연히" 보아스의 밭에 들어간 것에서 시작됐다.

어떤 사람들은 그런 식으로 인생이 완전히 바뀌는 것을 '팔자 고쳤다'고 말한다. 그리고 쉽게 팔자 고치는 방법으로 복권을 꼽는다.

2009년에 미국의 대학 교수 세 사람이 복권 당첨 이후 10년간 재정 상태를 연구하고서 "쉬운 거리로 가는 차표인가?"(The Ticket to Easy Street?)라는 제목의 논문을 발표했다.[19] '쉬운 거리'(easy street)는 '(돈) 걱정 없는 상황'이라는 표현이니, 의역하면 '돈 걱정 없는 곳으로 가는 차표인가?' 또는 '팔자 고치는 길인가?' 정도가 된다. 그런데 연구 결과가 흥미롭다. 당첨금이 높을수록 파산 속도가 빠르며, 당첨금이 빚을 갚는 데 도움이 되지 않는다는 것이다.

당첨금이 높을수록 빨리 파산하는 이유가 있다. 우선 피땀 흘려 번 돈은 함부로 쓰지 못하는데, 복권 당첨금은 그렇지 않기 때문에 헤프게 쓰게 된다. 복권 당첨의 운이 다시 찾아올 것이라는 기대도 낭비를 부추긴다. 또한 거저 얻은 것을 거저 가져가려는 사람들이 손을 내밀며 몰려든다. 이런 경우 도와주면 당연히 여기고, 거절하면 비난한다. 심지어 도와줘도 이것밖에 안 주냐고 욕하는 사람도 생긴다. 고의적인 사고나 가족 협박으로 돈을 갈취하는 일도 일어난다.

룻의 우연한 발걸음은 오벳의 탄생과 가족 전체의 회생으로 이어졌는데, 왜 우연히 당첨된 고액 복권은 종종 불행한 결말을 몰고 오는가? 그 차이가 무엇인가?

무엇을 바라는지 조심하라

이 책 2장에서, 왕의 역할 중에 재판이 있다는 점을 알리면서, 솔로몬이 하나님께 재판의 지혜를 구했다고 언급했다. 이제 그 기도와 응답의 과정을 자세히 살펴보겠다.

솔로몬이 즉위하기 전에 왕가 내에서 왕위 계승의 음모가 있었다. 그런 와중에 갑자기 즉위식을 치른 솔로몬은 일단 혼란스러운 정국을 진정시킨 다음에 간절한 소원을 품고 하나님께 나아가 1천 번의 번제를 드렸다. 그러자 하나님이 꿈에 나타나셔서 그가 구하는 것을 주겠다고 말씀하셨다. 그 말씀을 들은 그는 하나님의 백성을 제대로 재판하는 데에 필요한 "듣는 마음", 즉 원고와 피고의 말을 듣고서 옳고 그름을 분별할 지혜를 구했다. 그 기도를 들으신 하나님은 다음과 같이 말씀하셨다.

> 왕상 3:11 하나님이 그에게 말씀하셨다. "네가 이것을 구하여, 너 자신을 위해 장수나 부나 너의 원수의 생명을 구하지 않고 소송을 알아들을 분별력을 구했으니, 12 보라, 내가 너의 말대로 하겠다. 보라, 내가 너에게 지혜롭고 분별력 있는 마음을 주는데, 너의 앞에 너와 같은 자가 없고, 너의 뒤에도 너와 같은 자가 일어나지 않을 것이다. 13 또한 네가 구하지 않은 것, 즉 부와 영광도 너에게 주는데, 너의 평생에 왕들 중에 너와 같은 자가 없을 것이다.

사실, 당시 솔로몬 자신에게 시급했던 것은 왕권 유지(장수)

와 통치 자금(부), 그리고 정적 제거(원수의 생명)였다. 처음에는 이런 문제 때문에 1천 번의 제사를 드리기로 결심했을지도 모른다. 그렇다면 제사를 드리는 과정에서 기도의 목표가 달라졌을 것이다. 기도를 제대로 할 때 일어나는 일 중 하나가 목표 수정이 아닌가.

청년부 시절에 기도에 대해서 배우면서 내 마음에 깊이 남은 비유가 있다. 기도는 해안 가까이에서 동력이 끊어진 배의 경우와 같다는 것이다. 그런 배를 뭍에 대려면 배에 있는 밧줄을 던져 뭍에 있는 기둥이나 나무에 맨 다음에, 그 밧줄을 잡아당겨야 한다. 이때 줄을 당기는 사람의 눈에는 땅이 다가오는 것처럼 보이지만, 실제로는 배가 다가가는 것이다. 기도도 마찬가지다. 기도하다 보면 긴급한 문제를 넘어 중요한 문제를 보게 되고, '나'의 문제뿐만 아니라 '우리'의 문제도 보게 된다. 말하자면, 하나님의 뜻을 깨닫는 기도, 하나님의 마음을 따르는 기도를 하게 된다.

솔로몬은 자신의 긴급한 문제를 제쳐 두고 재판에 필요한 지혜와 분별력을 구했다. 그것은 그가 국가의 최고 통치자와 재판관으로서 백성을 위한 책임을 알았다는 뜻이다. 달리 말하자면, 그는 왕으로서 지켜야 할 우선순위가 무엇인지를 제대로 알았다. 하나님은 그것을 기뻐하셨다. 그래서 그가 구한 것은 물론, 구하지 않은 것까지도 주셨다. 먼저 구해야 할 것을 구하니, 다른 것도 따라온 것이다.

그리스도인이 된 이후 내가 교회 부흥회에 처음으로 참석했을 때의 일이다. 첫날 저녁집회에서 강사가 바로 위에서 언급한 본문을 근거로 설교를 했다. 설교를 마친 그는 회중에게 "만일 하나님이 오늘 밤에 여러분에게 나타나셔서 한 가지 소원을 들어주겠다고 말씀하시면, 여러분은 무엇을 구하시겠습니까?"라는 질문을 던졌다. 그리고 그 소원을 가지고 하나님께 기도하라고 권유했다. 사실 나는 어떤 소원을 가지고 부흥회에 참석한 것이 아니었기에 바로 기도할 수 없었다. 그래서 무엇을 구할지 잠시 생각해야 했다.

가장 먼저 떠오른 것은 돈과 집이었다. 그 둘은 당시 좁은 지하실에서 가난하게 살고 있었던 내게 가장 필요한 것이었다. 그런데 순간 생각이 바뀌었다. '돈은 사람을 따라가는 것 아닌가. 그러니 돈보다는 사람을 구하는 것이 더 낫지 않은가.' 그래서 앞으로 해야 할 일을 도와줄 협력자나 동업자를 구하려고 했다. 그러나 다시 생각이 바뀌었다. '이왕에 사람을 구할 것이라면 일생을 같이 지내면서 삶을 나눌 사람을 구해야 하지 않은가.' 그렇다면 그것은 아내라는 생각이 들었다. 그러자 잠언의 "현숙한 여인"이 뇌리에 떠올랐다. 그래서 그런 사람을 아내로 달라고 기도했다. 그 뒤로 지금까지, 평생 쓰고도 남을 돈을 구하지 않고 평생 함께할 사람을 구한 그 기도를 한 번도 후회해 본 적이 없다. 아니, 내 인생에서 가장 잘한 기도 중의 하나라고 생각한다.

"무엇을 바라는지 조심하라"(Be careful what you wish for)는 말이

있다. 바라던 것이 이루어졌는데 그 때문에 더 불행해질 수도 있으니, 무엇을 바랄지를 신중하게 결정해야 한다는 뜻이다. 많은 사람들이 쉽게 팔자 고칠 방법을 찾는다. 그러나 쉽게 얻은 것은 쉽게 나간다. 아니, 그냥 나가지 않고, 종종 그것을 얻은 사람의 마음과 삶을 유린하고서 나간다.

그러면 왜 힘들게 얻은 것이 우리 삶에 소중하게 머무는가? 그 이유는, 얻는 과정에서 얻는 그것의 가치를 확인하면서 관리하고 방어하는 지혜와 힘을 얻기 때문이다. 물이 어느 순간 갑자기 끓는 것처럼 보여도, 그렇게 되기까지 열을 가하는 과정이 있지 않은가. 마찬가지로, 하나님의 일이 일어나는 것에도 그 일에 맞는 준비 과정이 있음을 잊지 말아야 한다.

사람이 되신 하나님

이제 예수 그리스도의 탄생으로 되돌아가겠다. 요한복음은 그 탄생을 성육신의 관점에서 서술한다. 성육신은 계시를 의미한다. 하나님의 아들이 사람이 되어 이 땅에서 하나님의 말씀과 행동을 완전히 드러내셨다는 것이다.

> 요 1:18 아무도 하나님을 보지 못했는데, 아버지의 품에 있는 홀로 태어난 하나님이 나타내셨다.

말하자면, 예수가 말씀하셨으면 그것은 하나님의 말씀이었고, 그가 웃으셨다면 그것은 하나님의 웃음이었다. 그가 손을 내미셨다면 그것은 하나님의 손길이었고, 그가 치료하셨다면 그것은 하나님의 치료였다. 그리고 그는 죽은 사람을 살렸을 뿐만 아니라 자신도 다시 살아남으로써 하나님의 영광과 능력을 완연히 드러내셨다. 말하자면, 그의 모든 말씀과 행위가 하나님을 구체적으로 드러내는 것이었다.

그 계시의 중심에는 아래 구절에 나오듯이 "은혜와 진리가 충만한 영광", 즉 하나님 아버지의 성품인 사랑(헤세드)과 진실(에멧)로부터 발산되는 빛이 있었다.

> 요 1:14 말씀이 육체가 되어 우리 가운데 거주하셨는데, 우리가 그의 영광, 즉 아버지의 외아들의 것과 같은, 은혜와 진리가 충만한 영광을 보았다.

예수 그리스도를 통해 드러난 하나님의 진실한 사랑은 원래 아버지 하나님과 아들 하나님 사이에 있던 것, 다시 말해 삼위일체 하나님 안에 있던 것이었다. 부모의 품에 자식이 안겨 있을 때 부모의 사랑이 자식에게 마음에서 마음으로 전해지듯이, 신학자들이 페리코레시스perichoresis라고 부르는, 성부와 성자와 성령 사이의 빈틈없는 관계를 통해 진실한 사랑이 서로에게 오가고 있었다는 뜻이다. 바로 그 사랑이 넘쳐서 이 땅에 흘러들어온 사건이 성육신이다. 다시 말해, 성육신을 통한 계시의 중심에는 하나님의 사랑이 있다. 그것을 요한복음은 이렇게 표현했다.

> 요 3:16 하나님이 이렇게 세상을 사랑하셔서 그의 외아들을 주셨는데, 그를 믿는 모든 이가 멸망하지 않고 영생을 얻게 하기 위해서다.

이 구절에는 성육신의 동기와 목적이 잘 나타나 있다. 성육신의 동기는 세상에 대한 하나님의 사랑이고, 그 목적은 믿는 자에게 영생을 주기 위해서다. 달리 말하자면, 사랑이 출발지이고 영생이 종착지다. 그리고 이 둘 사이에 구원을 위한 예수 그리스도의 죽음과 부활이 있다. 이처럼 성육신을 통해 이 땅에 드러난 하나님의 진실한 사랑이 사람들의 구원으로, 그리고 영생으로 이어졌다.

대속자 예수 그리스도

그러면 예수는 사랑을 어떻게 이해하고 계셨을까? 일단, 다음 구절을 보면 사랑이 섬김과 연결됨을 알 수 있다.

> 마 6:24 아무도 두 주인을 섬길 수 없다. 한 사람을 미워하고 다른 사람을 사랑하거나, 한 사람에게 헌신하고 다른 사람을 멸시하기

때문이다. 너희는 하나님과 재물을 함께 섬길 수 없다.

섬김은 사랑의 한 양상이다. 누군가를 사랑하면, 그를 섬기게 된다. 말하자면, 그를 돕고 그에게 필요한 것을 주어 그가 잘되도록 한다. 그런데 그런 사랑과 섬김의 절정은 죽음에 처한 누군가를 살리려고 자신의 목숨을 대신 내어 주는 것이다. "자기 목숨을 친구를 위해서 내려놓는 것보다 더 큰 사랑이 없다"(요 15:13)는 말씀처럼 말이다. 아래 본문에 보이듯이, 바로 그런 사랑을 예수가 보여주셨다.

> 마 20:25 그러나 예수께서 그들을 부르시고서 말씀하셨다. "이방인들의 통치자들이 그들을 주관하며, 그들의 고관들이 그들에게 권력을 행사하는 것을 너희는 안다. 26 너희 중에서는 그렇게 되지 말고, 너희 중에 크고자 하는 자는 너희의 섬김이가 되고, 27 너희 중에 첫째가 되고자 하는 자는 너희의 종이 돼야 한다. 28 마치 사람의 아들이 섬김을 받기 위해서가 아니라 섬기기 위해서, 그리고 자기 목숨을 많은 사람들을 위한 대속물로 주기 위해서 왔듯이 말이다."

예수의 눈에 비친 당시 로마 권력자들은 자기의 탐욕을 위해 다른 사람들을 이용하고 억압하려는 사람들이었다. 그런데 그들만 그랬을까. 유대 사회에도 그런 지도자들이 많았다는 것을 그는 잘 알고 계셨다. 그래서 제자들에게 그것과 반대되는 정신으로 살아야 한다는 것을 가르치셨다. 그런데 다시 한 번 생각해 보면, 사사 시대나 지금이나 하나님을 떠난 사회는 항상 그런 사람들로 가득했다. 그런데 그런 사회, 그런 세상 속에서 사는 사람들을 구해 내기 위해 예수는 자신의 목숨을 그 대가로 지불하셨다.

위 본문에서 '대속물'로 번역된 그리스어 명사 뤼트론(*lytron*)은 기본적으로 석방의 대가로 지불하는 돈이나 물건을 가리킨다. 그런데 이와 비슷한 뜻을 가진 동사가 바울의 한 편지에 보인다.

> 갈3:13 그리스도께서 우리를 위해 저주가 됨으로써 율법의 저주로부터 우리를 대속하셨는데, "나무에 매달린 자는 모두 저주를 받았다"라고 기록되어 있기 때문입니다.

이 본문에서 '대속하다'로 번역된 엑사고라조(*exagorazō*)는 원래 '시장에서 사서(*agorazō*) 가지고 나오다(*ex*)'를 뜻하는데, 이 의미의 핵심은 '대가를 지불해서 가지고 나오다'이다. 이런 점에서 이 단어는 '유산을 무르다', 즉 '남의 유산을 되찾기 위해 그 대가를 지불하다'라는 뜻을 가진 히브리어 동사 가알(*ga'al*)을 닮았다. 뿐만 아니라, 가알이 대속의 개념으로 발전했듯이, 엑사고라조도 대속의 개념으로 바뀌었다. 바로 위 본문에서처럼 '죄에 팔린 사람을 대가 지불을 통해 구원하다'라는 뜻을 가지게 된 것이다. 말하자면, 죄에 팔려 죽음의 저주 아래에 놓인 사람들을 구해 내기 위해 예수 자신이 저주스러운 형틀인 십자가에 매달림으로써 바로 그 대가를 지불하셨다는 것이다.

그리스도만큼은 아니지만, 보아스에게도 그런 모습이 보인다. 그가 다른 사람들의 회생을 위해 대가를 지불한 것, 그 동기가 헤세드인 것, 그리고 그 과정에 하나님의 법에 순종한 것이 그리스도에 의한 대속의 목적과 동기와 과정을 닮았다.

새 언약과 새 계명

그리스도의 죽음이 죄에 묶인 사람들을 그 죄로부터 풀어놓기 위한 것이었지만, 그것이 전부는 아니었다. 그 죽음의 최종적인 목표는 하나님과 사람들 사이에 무너지지 않는 새 언약을 세우는 것이었다. 모세를 통해 이스라엘 백성이 이집트의 억압에서 구원받은 후 시내산에 이르러 하나님과 언약을 맺었듯이 말이다.

이미 설명했지만, 토지법의 배경에는 희년이 있고, 희년의 배경에는 시내산 언약이 있다. 이 언약이 무너져 가던 사사 시대에 언약의 회복을 위해 사사들이 일어났다. 우리는 그들의 이야기를 사사기에서 읽을 수 있다. 그런데 같은 시대를 배경으로 하는 룻기에서는 사사가 아닌 한 인물을 통해 그 언약의 정신이 계속 지켜지는 것을 보게 된다. 뿐만 아니라 그의 언약 지킴 때문에 오벳이 태어나고, 오벳의 후손 중에 다윗이 태어났다.

다윗 왕조의 기초를 놓은 인물은 사사 시대의 끝자락에 선 사무엘이다. 마치 세례 요한이 예수께 세례를 주어 그의 길을 준비했듯이, 사무엘은 다윗에게 기름을 부음으로써 그의 왕조를 위한 터전을 마련했다. 그런데 그 왕조도 끊임없이 배교의 위험에 맞닥뜨렸다. 그럴 때마다 여호사밧, 히스기야, 요시야 등과 같은 좋은 지도자들이 하나님과의 언약을 회복하려고 애를 썼고, 그 때문에 나라가 다시 하나님께 돌아가곤 했다. 그러나 결국 다윗 왕조도 하나님을 떠나 돌이킬 수 없는 데까지 이르러, 마침내 바벨론에게 멸망당하고 말았다.

그런 상황 속에서 예레미야는 장차 무너지지 않는 새 언약이 세워질 것을 다음과 같이 예고했다.

렘 31:31 여호와의 말씀이다. 보라, 내가 이스라엘 집 및 유다 집과 새 언약을 맺는 날이 온다. 32 이것은 내가 그들의 조상들의 손을 잡고 이집트 땅에서 이끌어 내던 날에 그들과 맺은 언약, 즉 내가 그들에게 남편인데도 그들이 깨뜨린 내 언약과 같지 않을 것이다. 여호와의 말씀이다. 33 그러나 이것이 그날 후에 내가 이스라엘 집과 맺을 언약이다. 내가 내 법을 그들 속에 두며, 그들의 마음에 기록하여, 나는 그들의 하나님이 되고 그들은 내 백성이 될 것이다. 여호와의 말씀이다.

돌판에 새겨진 옛 언약과 달리, 새 언약은 사람 속에 기록되어 결코 잊히거나 깨뜨려지지 않는 것이었다. 말하자면, 하나님의 법이 사람의 마음에 새겨져 그 법을 어기면 바로 양심이 그 법을 기억나게 해서, 결국 그 법으로 돌아가게 한다는 것이었다.

그 예고대로, 예수는 제자들과 마지막 식사를 한 뒤에 떡과 잔을 나누면서 다음과 같이 새 언약을 세우셨다.

> 눅 22:19 그는 떡을 가져 감사하시고 떼어 그들에게 주시며, "이것은 너희를 위해 주어지는 내 몸이다. 나를 기억하기 위해 이것을 하라"고 말씀하셨다. 20 저녁 먹은 뒤에 잔도 그렇게 하시며 말씀하셨다. "너희를 위해 쏟기는 이 잔은 내 피로 맺는 새 언약이다.

또한 그는 이 새 언약에 맞는 새 계명을 주셨다.

> 요 13:34 서로 사랑하라는 새 계명을 너희에게 준다. 내가 너희를 사랑했듯이, 너희도 서로 사랑하라. 35 너희가 서로 사랑하면, 모두가 이것으로, 너희가 내 제자라는 것을 알 것이다.

공적 사역 중에 예수는 십계명을 하나님 사랑과 이웃 사랑으로 요약하셨다(마 22:37-40; 막 12:29-31). 이제 사역의 마지막 시간을 맞이해, 예수는 그동안 자신이 사랑한 제자들에게 서로 사랑하라는 새 계명을 주셨다. 그리고 그들을 위해 자신의 몸을 언약의 제물로 십자가에 내어 줌으로써, 새 계명을 몸소 실천함과 동시에 새 언약을 확정하셨다.

서로 사랑하라

어릴 때 어머니가 하신 말씀 중에 아직도 기억에 남는 것이 있다. "너는 정말 매정한 애다. 누가 옆에서 죽어도 눈 하나 깜짝하지 않겠구나"라고 하신 말씀이 그것이다. 당시를 돌아보면, 어머니가 아파서 누워 계시는데도 "어디 편찮으세요?"라는 말 한 마디도 안 했으니, 일찍 홀로되신 어머니가 얼마나 섭섭하셨을까. 사실은 일부러 안 했다기보다, 그런 표현 자체를 못하고 살았다.

그렇게 지내다가 대학 시절에 친구의 인도로 어느 교회 청년부에 출석하기 시작했다. 몇 달이 지나 청년부 수련회에 참석했다가, 마지막 날 저녁 모임에서 평생 내비치지 못한 아픔과 좌절감과 외로움을 쏟아내며 펑펑 울었다. 그리고 예수를 영접했다. 그러고 나서 마음에 일어난 불길 때문에 주일 예배 참석은 물론 교회학교와 성가대 봉사를 시작했다. 주일에는 교회학교부터 저녁 예배까지 하루 종일 교회에서 살다시피 했다. 수요 예배, 금요 철야기도회, 월요일의 병원 전도 등에도 참여했다. 나중에는 매일 새벽기도도 했다. 열심히 전도했고, 가난 속에서도 힘써 헌금했다. 그래서 나는 하나님을 사랑한다고 생각했다.

그러다가 어느 날 요한일서의 한 구절에 부딪혔다.

요일 4:20 누구든지 "나는 하나님을 사랑한다"라고 말하고서 그의
형제를 미워하면, 그는 거짓말쟁이입니다. 왜냐면 자신이 본 형제
를 사랑하지 않는 자는 보지 못한 하나님을 사랑할 수 없습니다.

몽둥이로 가슴을 얻어맞은 것 같았다. 그 구절이 탐조등처럼 강
렬한 빛으로 내 마음을 샅샅이 비추는 순간, 거기에 주위 사람들
에 대한 사랑이 없다는 것을 깨달았기 때문이다.

나 자신을 그리스도인이 되기 전과 비교해 보면 바뀌기는
했다. 교회 활동과 전도에 열심을 내게 됐으니 말이다. 그런데 여
전히 바뀌지 않은 것이 있음을 그때 통렬히 깨달았다. 하나님을
향한 사랑이 타오른 것 같았지만, 주위 사람들에 대한 태도는 그
리 달라지지 않았다. 그런데 그 사실을 받아들일 수 없었다. 그동
안 하나님을 위해서 한 모든 일이 거짓으로 드러날까 두려워서
였다.

예수는 십계명을 하나님 사랑과 이웃 사랑으로 요약하
셨지만(마 22:37-39), 이웃 사랑의 계명만을 말씀하신 적도 있다(막
10:19). "서로 사랑하라"는 새 계명도 바로 그 이웃 사랑에 초점을
맞춘 듯이 보인다. 그러나 이 사랑에는 "내가 너희를 사랑했듯
이"라는 전제가 있다. 말하자면, 하나님의 사랑을 받은 사람은
다른 사람을 사랑할 수 있다는 것이다. 요한일서 4:20은 그 사랑

의 다른 면을 드러내는데, 그것은 하나님 사랑이 형제 사랑을 통해 구현된다는 것이다. 달리 말하자면, 형제를 사랑한다는 것은 이미 하나님의 사랑을 받았다는 뜻이 된다.

성경에 나오는 '세상'은 맥락에 따라 두어 가지 의미를 가진다. 하나는 하나님이 만드신 피조물이고, 다른 하나는 세상에 사는 사람들이며, 마지막으로는 그 사람들의 죄 때문에 병들어 가는 세상이다. 위에서 본 요한복음 3:16의 "세상"에는 그 모든 의미가 다 있는 것 같다. 하나님이 아름답게 만드셨으나 거기 사는 사람들의 죄 때문에 부패해진 세상 말이다. 그런 세상과 그런 사람들을 하나님께서 사랑하셨는데, 나는 요한일서에 부딪히고 나서 그 사랑에 눈을 뜨기 시작했다.

보아스의 사랑도 그런 사랑이었다. 하나님의 변함없는 사랑(chesed)에서 흘러나온 그의 사랑은 나오미의 가족에게 흘러갔다. 그리고 그 사랑이 흘러가는 길에는 이삭줍기와 유산 무르기 같이 사람을 살리기 위해 세워진 법과 제도가 있었다.

하나님의 영이 모든 육체에

예수의 죽음과 부활, 그리고 승천 후에 성령이 제자들에게 강림했다. 사도행전 저자는 그 사건의 성격을 알리기 위해, 다음과 같이 요엘 2:28-32을 인용했다.

행 2:17 하나님이 말씀하셨다. "마지막 날에 내가 내 영을 모든 육체에 부을 것이니, 너희의 아들들과 딸들은 예언할 것이며, 너희의 젊은이들은 환상을 보고, 너희의 노인들은 꿈을 꿀 것이다. 18 내 남종들과 여종들에게도 그날에 내가 내 영을 부을 것이니, 그들이 예언할 것이다. 19 그리고 내가 위로 하늘에는 기적을, 아래로 땅에는 표지를, 곧 피와 불과 연기를 보여 줄 텐데, 20 크고 영화로운 주의 날이 오기 전에 해가 어둠으로, 달이 피로 변화될 것이며, 21 주의 이름을 부르는 자는 모두 구원을 받을 것이다."

위 본문에서 눈에 띄는 표현 중의 하나는 "내 영을 모든 육체에"다. 이것은 다음과 같은 의미를 띤다. 우선, 성경에서 '육체'로 번역되는 구약의 바사르(basar)와 신약의 사륵스(sarx)는 하나님과의 언약을 어긴 사람의 죄성을 함의한다. 따라서 하나님의 영이 육체에 부어진다는 것은 성령이 죄인들에게 돌아온다는 것이다.

다음, 육체가 죄성을 함의하게 된 배경에는 하나님의 영이 죄악에 빠진 사람을 떠난 사건이 있다(창 6:3). 하나님의 영이 사람을 떠났다는 것은 사람이 하나님과 관계없이 살게 됐다는 것이며, 따라서 사람의 정체성이 하나님과의 관계에 의해서가 아니라 그저 육체의 모양과 움직임으로 규정됐다는 것이다. 반대로 하나님의 영이 육체에 부어진다는 것은, 사람이 하나님이 원래 창조하신 대로 영과 육체가 하나 된 상태로 돌아간다는 것, 즉 사람의 생각과 활동이 하나님과의 관계에 의해 이루어지는 상태로 돌아간다는 것이다.

마지막으로, 구약에서 하나님과 언약을 맺은 이스라엘 백성에게는 아직 하나님의 영이 임하지 않았다. 대신에 그들의 지도자인 왕과 제사장과 예언자들에게 하나님의 영이 임함으로써, 그 지도자들을 통해 그들이 하나님의 뜻을 알 수 있었으며, 그 뜻을 따라 살 수 있었다. 그런데 하나님의 영이 모든 육체에 부어진다는 것은 그 지도자들만이 아니라, 젊은이든 노인이든, 남자든 여자든 모든 사람에게 성령이 임한다는 것이며, "주의 이름을 부르는 자는" 이스라엘 사람이든 이방인이든 "모두 구원을 받을 것"이라는 것이다.

바로 이 약속이 오순절의 성령 강림을 통해 실현됐다. 이 사건이 가지는 의미는 정말 놀랍다. 지금은 믿는 모든 사람에게 성령이 임하기 때문에 당연한 것으로 여기지만, 사실 구약 시대에는 모세나 다윗같이 선택받은 하나님의 사람들에게만 임했다. 그러니 초대교회 사람들이 성령을 받았을 때 얼마나 놀랐겠는가. 그리고 얼마나 기쁘고 감격스러웠겠는가. 그들이 자발적으로 자기가 가진 것을 내놓아 가난한 사람들에게 나눠 준 것을 보면, 성령을 받음으로써 세상의 그 어떤 것보다 더 좋은 것을 얻었다는 확신을 가졌기 때문이 아닌가. 바로 그 성령이 이제 우리한국인들에게도, 나에게도 임했다. 그 결과로 우리 모두 아브라함과 모세와 다윗처럼 하나님과 동행할 수 있게 됐다.

룻기

또한 성령이 모든 민족에게 임함으로써, 민족과 민족 사이에 세워진 언어와 문화의 장벽을 허문 새 공동체가 탄생했다. 롯기가 미리 보여준 것, 즉 이방인과 이스라엘 사람이 한 하나님을 섬기며 한 가정을 이루어 자녀를 낳고 살아가는 모습이 온 세상의 현실로 나타나기 시작한 것이다.

새로운 공동체

성령 강림으로 탄생한 초대교회는 이스라엘의 영적 유산을 계승했다. 그 유산 중 가장 중요한 것은 성경과 예배였다. 말하자면, 이전처럼 구약을 하나님의 말씀으로 받아들였고, 구약에 계시된 하나님을 믿고 예배했다.

그러나 초대교회는 여러 면에서 이전과 다른 양상을 보였다. 그런 양상의 중심에는 예수의 정체성 및 새 공동체의 탄생이 있었다.

초대교회는 무엇보다 나사렛 예수를 하나님의 아들이자 그리스도, 즉 메시아로 믿었다. 이 믿음을 근거로 여러 새로운 양상이 생겼는데, 그중 핵심적인 것으로 다음 두 가지를 들 수 있다. 먼저, 성부만이 아니라 성자와 성령 하나님에 대한 믿음, 즉 삼위일체 하나님에 대한 믿음이 생겼다. 또한 예수의 죽음으로 제사가 완성됐기 때문에 성전 제사가 폐지됐다. 이스라엘의 법체계에서 가장 중요한 제도 중 하나가 폐지된 것이다.

그리고 예수를 믿는 모든 이방인이 하나님의 백성이 되어 새 공동체가 탄생했다. 이로써 다음과 같은 변화가 일어났다.

우선, 할례 제도가 폐지됐다. 룻기를 통해 보았듯이, 구약 시대에도 이방인이 하나님의 백성이 될 수 있었다. 그런데 그 시대에는 개종이 귀화와 맞물려 있어서, 모든 이방인 남자들은 이스라엘 남자들처럼 할례를 받아야 했다. 이 문제를 놓고 오랜 숙고를 거친 초대교회는 유대화 과정에 필수적인 할례 제도를 폐지하기로 결정했다. 이방인을 유대인처럼 만들지 않고 그대로 받아들이기로 한 것이다.

토지법은 아예 적용할 수 없었다. 무엇보다 당시 땅의 경계가 구약 시대와 같지 않았다. 뿐만 아니라 이방인을 적극적으로 받아들인 초대교회는 유대교처럼 민족이나 국가를 기반으로 한 종교가 될 수 없었다. 말하자면, 영토를 기반으로 하지 않는 종교가 됐다. 그러니 토지법을 적용하려야 할 수가 없었다.

구약 시대의 헌법과도 같은 레위기에 규정된 두 제도가 할례 제도와 함께 폐지됐다는 것은 당시 유대 사회의 체계에 지진 같은 격변이 일어났다는 것이다. 그러나 그 제도에 담긴 정신마저 버려진 것은 아니었다. 오히려 그 격변 때문에, 이스라엘 사람들에게만 적용되던 것이 모든 민족에게 적용되는 길이 열렸다. 예를 들어, 할례는 세례로, 제사는 예배와 성찬식으로 대체됐고, 토지법은 자발적인 구제로 대체됐다. 이 때문에 유대교에 머물러 있던 하나님의 은혜와 은사가 모든 민족에게 흘러 들어갔다.

초대교회의 구제

성령 강림으로 일어난 초대교회의 활동은 대략 세 가지로 이루어져 있었는데, 교회의 모임과 전도와 구제가 그것이었다. 그중에서 구제는 가난의 문제를 다룬다는 점에서 이삭줍기와 토지법 정신을 이어받은 것이었다. 둘 사이에 차이점이 있다면, 구약의 이삭줍기와 토지법이 법으로서의 강제성을 가진 반면, 초대교회의 구제는 자발적으로 시행됐다는 것이다. 이 차이를 염두에 두고서 초대교회의 구제 제도를 자세히 살펴보면 다음과 같은 점을 발견할 수 있다.

초대교회가 탄생한 직후에는 사도가 교회의 유일한 직분이어서 말씀 사역과 함께 구제 사역을 담당했다(행 2:42; 5:2). 그러다가 문제가 생기기 시작했다. 교인들이 늘면서 그중 일부가 구제에서 소외되는 일이 일어난 것이다(행 6:1). 이 때문에 초대교회는 집사직을 신설하고서 사도와 집사의 역할을 나누기로 결정했다. 그 결과, 사도는 기도와 말씀 사역을 맡고, 집사는 구제 사역을 맡았다(행 6:2-4).

초대교회가 구제 사역 전담자를 따로 세운 것을 보면 그 사역을 얼마나 중요하게 여겼는지 알 수 있다. 또한 디모데전서 5장에 구제 대상의 자격과 범위 및 목록 규정이 나온 것을 보면, 그 중요성에 맞게 구제 사역을 체계화했음을 알 수 있다.

물론 지금의 교회도 전도나 선교와 함께 구제를 중요하게 여긴다. 그러나 초대교회의 구제와 지금의 구제 사이에는 중요한 차이점이 있다. 그것은 지금의 구제가 지역 교회 밖의 사람들을 향한 것인 반면, 초대교회의 구제는 기본적으로 지역 교회 구성원들을 위한 것이었다는 점이다.

교회 안의 구제는 '하나님의 날개 아래 피하러 온 사람들'을 위한 사랑의 돌봄이다. 말씀 사역이 구원을 향한 하나님의 사랑을 말로 전하는 것이라면, 구제 사역은 그 사랑을 행동으로 드러내는 것이다. 따라서 교회 안의 사람들에게 말씀의 선포와 가르침이 필요한 만큼, 그들을 위한 구제도 필요하다.

사실, 이 책을 쓰면서 세 종류의 사람들을 생각했다. 우선, 교회 안에는 나오미 같은 사람들이 있다. 오래 신앙생활을 했지만 뜻하지 않은 불행을 당한 뒤에 자신의 삶이 하나님의 은혜에서 벗어났다고 여기는 사람들 말이다. 그런가 하면, 비교적 최근에 신앙인이 됐지만, 이전에 진 무거운 짐에서 아직 완전히 벗어나지 못했다는 점에서 룻을 닮은 사람들도 있다. 마지막으로, 룻기의 보아스처럼 남을 도울 힘이 있고 도울 마음가짐을 가진 사람들이 있다. 또한 남을 도와줄 힘은 있는데 그렇게 할 동기나 방법을 찾지 못하는 사람들도 있다. 그런 사람들 모두에게 룻기를 읽어 주고 싶다.

가난 통과하기

'반대감정병존'이라는 개념이 있다. 반대되는 두 감정이 함께 있다는 뜻인데, 가난에 대한 내 마음이 딱 그렇다.

우선, 내 젊은 날, 특히 10대 후반에서 20대 초반까지를 한 마디로 표현한다면, '춥고 어두운 시절'이었다. 뜨겁고 찬란해야 할 그날들을 그렇게 만든 것은 가난이었다. 그런데 춥고 어둡기만 한 것이 아니라 부끄럽고 서러웠다. 당시 어느 대학교의 수석졸업생이 신문 기고를 통해 "가난은 부끄러운 것이 아니라 불편한 것"이라고 한 말이 많은 사람들의 마음에 반향을 일으켰지만, 나는 불편하면서 부끄러웠다. 마음 깊은 곳에서는 분노도 쌓였다.

그러다가 20대 초반에 그리스도인이 됐는데, 내 삶에 뜻밖의 변화가 일어나기 시작했다. 가난을 벗어난 것은 아니었다. 그 압박은 여전했지만, 나는 예배하고 성경공부하고 봉사활동을 하는 중에 서서히 가난이 준 수치와 비탄으로부터 벗어나기 시작했다. 뿐만 아니라 삶의 난관을 통과해 가는 힘과 지혜를 얻기 시작했다. 그런데 그 변화가 저절로 일어난 것은 아니었다.

1980년대의 어느 날에 있었던 일이다. 시내 지하철역 근처에서 교회로 가기 위해 돈이 얼마나 있나 확인해 보니, 100원짜리 동전 하나와 버스 토큰 하나가 있었다. (당시 '버스 토큰'이라는 버스 전용 동전이 따로 있었는데, 일회용 교통카드 같은 것이었다.) 지하철 기본요금이 170원이었으니, 100원으로는 지하철을 탈 수 없었다. 그러면 버스를 타야 했는데 문제가 있었다. 바로 가는 노선이 없어 두 번을 타야 한 것이다. 환승제도가 없던 그 시절에 두 번을 타면 토큰 두 개가 필요했는데, 시내버스 요금이 120원이어서 100원으로는 토큰도 살 수 없었다. 동전 하나와 토큰 하나를 합치면 220원이 되어 충분히 지하철을 탈 수 있는 금액이었지만, 토큰을 현금처럼 쓸 수 없던 시절이었으니, 이도 저도 못할 처지가 된 것이다.

고민에 빠져 한동안 거리에 서 있었다. 아무리 생각해도 길이 보이지 않았다. 그래서 그 자리에서 기도했다. 그런데 기도하는 중에 언뜻 '지하철역으로 가서 역무원에게 동전과 토큰을 주며 부탁해 보라'는 생각이 떠올랐다. 그것이 하나님이 주신 지혜인가를 놓고 다시 고민에 빠졌다. 우선, 매표소 앞에서 부탁하는 나 자신의 모습을 그려 보았다. 거지가 되어 구걸하는 듯한 수치감이 일어났다. 가난하지 않았다면 그런 정도의 감정은 느끼지 않았을 것이다. 그러나 지하철 요금도 제대로 낼 수 없었던 나로서는, 감추고 싶은 가난을 사람들 앞에서 그런 식으로 드러내는 것이 정말 싫었다.

다른 방법을 찾기 위해 다시 기도했다. 그러나 더 이상 떠오르는 생각이 없었다. 마치 하나님이 '내가 답을 주었는데 왜 다시 기도하느냐'라고 말씀하시는 것 같았다. 어쩔 수 없이 근처 지하철역으로 갔다. 줄을 서서 차례를 기다리는 동안 나는 한 장면을 상상했다. 내가 역무원에게 부탁하다가 거절당할 때 주위 사람들이 거지 보듯 나를 바라보는 장면 말이다.

마침내 차례가 되어, 나는 역무원에게 동전과 토큰을 내밀며 사정을 설명했다. 그다음 장면은 내가 평생 잊을 수 없을 것이다. 그가 환한 얼굴로 "그렇게 해드릴게요"라고 말하면서 차표와 거스름돈을 주었으니.

주님은 "작은 자"에게 "냉수 한 그릇" 주는 것도 가치 있게 보셨는데(마 10:42), 그날 그 역무원은 나에게 냉수 이상의 것을 주었다. 그의 미소 띤 얼굴과 따뜻한 말은 내 마음에서 수치와 두려움을 몰아냈고, 차표와 거스름돈을 건네 준 그의 손은 막힌 내 앞길을 뚫어 주었다.

그 뒤에도 크고 작은 좌절과 돌파가 계속됐다. 그러면서 내 마음에 중요한 열매가 맺혀 갔다. 더 이상 가난 때문에 부끄러워하거나 분노하지 않게 된 것이다. 아니, 오히려 가난을 통과해 가는 데 필요한 지혜를 얻었다. 아무리 상황이 어려워도 기도하고 하나님의 지혜를 붙잡으면 어떻게든 길이 열렸다. 그런데 그것이 전부가 아니었다. 나중에 사역 현장에서 일할 때 겪게 될 여러 난관을 뚫고 나갈 지혜와 근력을 갖추게 됐다.

그런데 지금 나는 그때를 회상하면서 "그 시절이 좋았지"라고 말하지 않는다. 솔직히 말해, 그 시절로 돌아가고 싶지 않다. 그리고 내 자녀나 내 주위 젊은이들이 그런 식으로 고생하기를 바라지 않는다. 그러나 돌아가고 싶은 좋은 시절만 소중한 의미를 띠는 것은 아니다. 삶의 실제적인 의미와 가치는 가난과 같은 난관을 극복하는 과정에서 드러나기 때문이다. 그러기에 그 고생스러운 날이 나에게는 더 없이 소중한 시절로 남아 있다.

소중한데 돌아가고 싶지는 않은 시절? 이게 말이 되나 싶지만, 이런 식의 반대감정병존은 불가능한 것이 아니다. 모순된 것이나 잘못된 것도 아니다.

분명히 말하지만, 가난, 고난, 환난은 벗어나고 싶은 것이지 돌아가고 싶은 것은 아니다. 돈이 많은데 운동 삼아 걷는 것과 차비조차 없어 걸을 수밖에 없는 것은 절대로 같지 않기 때문이다. 그러나 그런 불편하고 고통스러운, 심지어 부끄럽고 분노스럽기까지 한 삶을 통해서 얻게 되는 것이 있다. 특히 인생의 목적을 바로 세우고 제대로 이루려면 그런 과정은 선택이 아니라 필수다. 연구 없이 학자가 될 수 없고, 연습 없이 연주가가 될 수 없으며, 수련 없이 장인이 될 수 없고 훈련 없이 선수가 될 수 없기 때문이다. 다시 말해, 모든 성취에는 그것에 맞는 과정이 있다. 다만 각자에게 다른 모습으로 다가올 뿐이다. 그리고 그 과정을 거쳐야 목표에 도달하게 된다. 그래서 그 고통스러운 것이 소중하기도 하다는 것이다.

삶의 가치와 행복을 결과에서만 찾으려 하면 가난의 양면과 그 양면의 진가를 절대로 보지 못한다. 그러나 하나님의 사랑과 진실을 기억하면서 성경의 인물을 탐색하면, 실패와 성공, 고난과 형통, 죽음과 부활이 동전의 양면처럼 서로 붙어 있다는 것을 알게 된다. 그러니 고생을 사서 할 필요까지는 없어도, 고생에 부딪히게 되면 물러서지 말아야 한다.

복된 가난

마태복음 5장부터 7장까지에 담긴 예수의 설교는 종종 산상수훈이라 불린다. 기독교 역사상 가장 주목받은 설교라고 할 수 있는 그것은 다음같이 시작한다.

복되다, 영이 가난한 자는! 하늘나라가 그들의 것이니.
복되다, 애통하는 자는! 그들이 위로받을 것이니.

역설처럼 들리는 이 두 구절은 가난과 애통 자체를 예찬하는 것이 아니다. 성서적인 관점에서도 가난은 기본적으로 삶의 자원이 결핍된 상태로서, 복보다는 저주에 속한 것이기 때문이다. 그런데 여기서 말하는 가난은 그런 가난과는 다르다. 본문의 "영이 가난한 자"에 해당하는 원문을 직역하면 "영에서(en pneumati) 가난한 자"가 된다. 가난의 자리가 "영", 즉 하나님과의 관계라는 것이다.

따라서 가난에는 두 종류가 있다. 하나는 문자적 의미의 가난, 즉 일상에 필요한 것이 없는 상태이고, 다른 것은 하나님과의 관계에 아무것도 없는 영적인 가난이다.

이런 의미에서 두 종류의 가난한 사람을 생각해 볼 수 있다. 하나는 문자적 차원의 가난에 처해 있는 사람이다. 이 사람은 가난에 분노하며 맞붙어 싸우고 있거나, 가난에 짓눌려 수치와 비탄에 잠겨 있거나, 아니면 가난이 주는 불편에 적응하며 산다.

다른 하나는 가난이나 고난을 통해 자신의 내면을 살피면서 거기에 하나님으로부터 온 것이 없음을 깨닫고서, 바로 그 점에 애통해하는 사람이다. 말하자면, 한쪽의 가난이 우리를 불편과 수치와 슬픔과 분노로 몰고 간다면, 다른 가난은 그런 상태에 빠진 우리의 마음을 하나님께로 이끈다. 주님은 이 다른 가난을 복되다고 하셨다. 하나님으로부터 수치와 분노를 이길 힘과 지혜를 얻게 하기 때문이다.

성경에서 우리는 그 복된 가난을 경험한 사람을 자주 만난다. 나오미와 룻이 바로 그런 사람이었고, 불임 선고를 받은 사라, 매춘부로 살던 라합, 왕의 정적이 되어 박해를 당한 다윗도 그런 사람이었다. 그들 모두 복된 가난을 통해 운명의 전환을 경험했다.

그런데 그런 전환이 저절로 일어나지는 않았다. 자신이든 남이든, 누군가가 그 대가를 지불해야 했다. 사라는 불임의 기간과 라이벌의 괴롭힘을 통과했고, 라합은 이스라엘 정탐꾼을 보호하기 위해 목숨을 걸었으며, 나오미와 룻의 회생을 위해서는 보아스가 땅값을 대신 지불했다. 또한 다윗은 젊은 날에 모진 고난의 과정을 통과했다. 그리고 그의 족보 끝에 선 우리 주 예수 그리스도는 십자가 죽음을 통해 구원의 길을 열어 놓으셨다. 바로 이 희생과 대가 지불 때문에, 믿는 모든 사람들이 죽음과 저주에서 벗어나 영원한 생명과 행복에 들어갈 수 있는 근거를 얻게 됐다. 한마디로 사람들의 운명이 바뀌는 근거를 만드신 것이다. 이제 우리에게 필요한 것은 예수께로 돌아가서 바로 그 근거 위에 우리의 삶을 세우는 것이다.

길이 끝날 때까지

실패의 자리에서 일어난 사람에게 필요한 것은 더 이상 어두운 과거에 주목하지 않고 새로 펼쳐진 길을 가는 것이다. 내가 아는 한 사람은 남편과 이혼한 뒤 험한 인생길을 걸으며 아들을 키웠다. 아버지의 손길 없이 살아가는 아들을 보며 '차라리 결혼하지 말 것을' 하고 후회하던 중에, 그녀는 아들로부터 뜻밖의 말을 들었다. "두 사람이 만나지 않았으면 나는 태어나지도 못하고, 우주의 먼지처럼 떠돌았을 거잖아!" 과학 전공자인 아들의 말에는 자신의 탄생과 실존에 대한 비관이 전혀 없었다. 바로 이 점이 불행한 과거에 붙잡힌 그녀의 시선을 앞날의 가능성으로 돌려놓았다. 그리고 그녀의 마음을 붙들어 더 이상 후회에 함몰되지 않게 했다.

이제 이 책을 끝낼 때가 됐다. 이사야서의 한 구절에는 이 세상의 모든 나오미와 룻을 위한 약속이 담겨 있다. 실패로 무너졌거나 버림받은 사람이 다시 일어나 그렇지 않은 사람보다 더 나은 삶을 누릴 것이라는 약속 말이다.

사 54:1 출산하지 못하는 불임녀여,

크게 노래하며 외치라,

산고를 겪지 못한 자여!

홀로 남겨진 여자의 자녀가

결혼한 여자의 자녀보다 많기 때문이다.

여호와께서 말씀하셨다.

이제 남은 것은 이 약속을 붙잡고 새로이 펼쳐진 그 길을 끝까지 가는 것이다. 그 길이 완전히 끝날 때까지.

맺음말

    그동안 성서해석학에 대한 글쓰기와 강의에 몰두하다가 이번에 처음으로 성경 중의 한 권을 해석했다. 그동안 다룬 해석 이론을 실제로 적용한 것이다. 그런데 그 첫 본문이 왜 룻기였을까.

    우선, 룻기의 등장인물들이 가지는 매력 때문이었다. 룻기를 읽으면 읽을수록, 나오미와 룻의 진실한 동행, 세대 차를 넘어서는 소통과 협력, 그리고 룻과 보아스의 내면에 자리 잡은 사랑이 뿜어내는 아우라가 내 시선과 마음을 잡아끌었다.

    또한 룻기를 통해 성경의 중심에 접근할 수 있어서였다. 룻기는 짧은 줄거리에 정체성(룻의 개종과 결혼)과 언약(토지법과 유산 무르기)의 문제를 농축해서 담아 놓았다. 이 때문에 룻기를 통해 성경의 중심 사상이 보통 사람들의 일상 속에 어떻게 드러나는지 볼 수 있었다.

    룻기가 보통 사람들의 이야기이면서 성경의 중심 문제를

다루었다면, 나를 포함한 모든 독자들에게 중요한 본문이기도 하다. 특히 집필 중에 자주 내 인생 여정을 돌아보게 됐는데, 그 여정 중 이 책과 관련된 서너 부분을 노출시켰다.

마지막으로, 35년 동안 나와 함께 지내면서 변함없이 나를 사랑한 아내에게 이 책을 돌린다. 이 책으로 사람이 받을 칭찬이 있다면 그것은 아내의 것이다.

2024. 4. 12.

박정관

주

1) 룻기가 언약사의 관점에서 띠는 중요성에 대해서는 다음을 참고할 것: 박정관 『성서해석학: 말씀과 일상·과거 속의 현재』 (서울: 복 있는 사람, 2018), 366-373. 이것은 이 책의 기초가 된 부분이기도 하다.

2) *Bava Batra*, 14b.

3) 다음을 참고할 것. 박정관, 『성서해석학』 (2018), 331-332.

4) 보편과 특수의 문제에 대해서는 다음을 볼 것. 박정관, 『성서해석학: 시간 이론 에서 서사학까지』 (서울: 복 있는 사람, 2023), 50-54.

5) 다음을 참고할 것. 박정관, 『성서해석학』 (2023), 401-402.

6) 국내에는 'Romanowski'가 종종 '로마노프스키'로 음역되지만, 미국을 포함한 영어권에서 통용되는 발음은 '로마나우스키'다. 본인도 이렇게 발음한다.

7) 다음을 참고할 것. 프레드릭 부쉬, 『룻기·에스더』 WBC 9 (서울: 솔로몬, 2007, 정일오 옮김), 155-157.

8) 다음을 참고할 것. 박정관, 『성서해석학』 (2023), 47-49.

9) 신인동형법에 대해서는 다음을 참고할 것. 박정관, 『성서해석학』 (2023), 158-167.

10) 그 내용에 대해서는 다음을 참고할 것. Bernard P. Grenfell and Arthur S. Hunt, *Oxyrhynchus Papyri I* (London: Egypt Exploration Fund, 1898), 177.

11) 이 논쟁에 대해서는 다음을 볼 것. 박정관, 『성서해석학』 (2018), 500-508.

12) 김태식, "미륵사에 선화공주 연결짓지 마라," 「연합뉴스」 (2009. 3. 12.), https://
www.yna.co.kr/view/AKR20090312057000005 (2023. 11. 27. 접속).

13) 여러 논점에 대해서는 다음을 참고할 것. 부쉬, 『룻기·에스더』, 237-257.

14) 다음을 참고할 것: Robert L. Hubbard, *The Book of Ruth*, New International
Commentary on the Old Testament (Eerdmans: Grand Rapids, Michigan), 204.

15) Hubbard, *The Book of Ruth*, 223-224.

16) 다말의 유산 무르기에 대해서는 다음을 참고할 것. 박정관, 『성서해석학』
(2018), 158-167.

17) Mishnah Yevamoth, 8:3.

18) 이희정, "17일 신사동에 '백스테이지' 여는 박은관 시몬느 회장," 「한국일보」 (2012.
7. 13), https://m.hankookilbo.com/News/Read/201207131249208126?did=sms
(2023. 12. 27. 접속).

19) Scott Hankins et al. "The Ticket to Easy Street?: The Financial Consequences of
Winning the Lottery," *The Review of Economics and Statistics* Vol. 93, No. 3 (August
2011): 961-969.